世界500强CFO教你学管理会计系列丛书

玩转全面预算魔方

实例+图解版

邹志英 ◎ 著

第2版
隆重上市

全面预算实践中的"十面埋伏"让企业望洋兴叹，为了解决预算执行难的问题，本书作者紧扣当下企业管理的难点，将自己20多年的实践经验与专业知识结合起来，深入浅出地阐述了转动全面预算"魔方"的实操技巧。书中穿插了有代表性的场景化案例和百余张实用图表，身临其境般将读者带入"战略规划—年度计划—预算编制—执行分析—考核评价"的全面预算实操全景中。

本书第1版重印数次，连续多年名列财经畅销书热卖榜榜首，被多所大学和数百家公司选为培训用书。本书第2版做了全新修订，可读性更强，并随书附赠全面预算管理配套工具《行动日志》7天体验版。

本书适读人群：企业家、管理者、投资人、创业者、财会工作者、学者及相关职场人士等。

图书在版编目（CIP）数据

玩转全面预算魔方：实例+图解版/邹志英著. — 2版.
— 北京：机械工业出版社，2022.3（2025.1重印）
ISBN 978-7-111-70317-4

Ⅰ.①玩… Ⅱ.①邹… Ⅲ.①企业管理–预算管理 Ⅳ.① F275

中国版本图书馆CIP数据核字（2022）第039980号

机械工业出版社（北京市百万庄大街22号 邮政编码100037）
策划编辑：刘怡丹 责任编辑：刘怡丹
责任校对：张 力 贾立萍 责任印制：邓 博
北京盛通数码印刷有限公司印刷

2025年1月第2版第3次印刷
170mm×230mm·21.25印张·3插页·262千字
标准书号：ISBN 978-7-111-70317-4
定价：99.00元

电话服务 网络服务
客服电话：010-88361066 机 工 官 网：www.cmpbook.com
　　　　　010-88379833 机 工 官 博：weibo.com/cmp1952
　　　　　010-68326294 金 书 网：www.golden-book.com
封底无防伪标均为盗版 机工教育服务网：www.cmpedu.com

我的美好愿望

企业预算实操中经常面临的尴尬局面：

"企业年年做预算，新老问题总不断，

貌似知道其中法，落到实处就坐蜡。"

我的美好愿望是希望读者通过阅读本书，掌握全面预算落到实处的实操方法、技巧、工具和模板，并充分认识到：

1. 不在企业战略层面讨论全面预算管理是"玩不转的"；
2. 全面预算管理要想落到实处不坐蜡，一定要重视"三全"理论，坚持"四位一体、融合发展"的核心思想，以及使用"IPO"逻辑思维；
3. "珍珠链"预算管理体系既是全面预算落到实处的魔法石，又是全面预算有效实施的秘密武器。

玩转全面预算魔方，让它为企业创造价值是我的一个梦想。希望我的抛砖引玉可以引发企业同行、专家学者更深层次的思考，为管理会计助力企业成长提供更多和更好的实践指引。我们一起努力，让全面预算真正发挥促进企业战略落地，提高企业经营效率和效能，帮助企业提质增效塑品牌的巨大作用。

作者简介

邹志英

澳大利亚注册会计师,国际注册高级风险管理师
中国十大优秀 CFO（首席财务官）
美国 IMA（美国管理会计师协会）授予"美国管理会计形象大使"称号
国际战略财务管理实战专家
企业盈利管理专家、现金流管理专家

———— 社会职务 ————

- 美国管理会计师协会（IMA）中国理事会副主席，前全球董事
- 美国汤森路透集团旗下《成本管理》杂志全球编辑顾问委员会成员
- 北京市朝阳区国际高端商务人才发展中心（CBTC）评审专家
- 中国教育部学位中心博士、硕士论文评审专家
- 机械工业出版社经管分社专家委员会委员
- 北京国家会计学院特聘教授
- 对外经贸大学国际商学院客座教授
- 中央财经大学会计学院客座教授
- 北京航空航天大学经管学院客座教授
- 中国企业财务管理协会商学院客座教授
- 清华紫荆教育客座教授

- 中国年度优秀 CFO 评委
- 美国 IMA 管理会计案例大赛决赛评委
- "金融界中国民营上市公司创富榜"特约观察员
- 全球青年领导力联盟（GYL）青年导师

主要荣誉

- 2019 年荣获"心光艺术财务管理大师奖"
- 2018 年荣获中央财经大学授予的"优秀学术奖"和"优秀实践奖"
- 2015 年荣获美国 IMA 授予的"亚太区会员特别贡献奖"
- 2013 年荣获"美国 IMA 中国区形象大使奖"（中国首位也是唯一一位获此殊荣的女性高管）
- 2012 年荣获财政部相关单位授予的"中国十大优秀 CFO"荣誉称号
- 2012 年荣获中国总会计师协会"第一届中国民营企业财务管理创新十佳案例"优秀案例奖
- 2011 年荣获中国总会计师协会授予的"中国财务战略管理专家"荣誉称号
- 2011 年荣获美国 IMA 和中央财经大学联合授予的"管理会计行动个人创新奖"

职业经历

- 北京志赢盛世管理咨询有限公司（联合国全球契约组织成员单位，联合国指定采购服务供应商）创始人、董事长

- 华胜天成股份公司集团执行副总裁兼香港 ASL 上市公司非执行董事
- 腾创科技集团执行副总裁兼 CFO（联想君联资本投资）
- 德国默克制药中国区董事 CFO
- 美国布鲁克公司亚太区财务及供应链总监
- 曾在美国通用电气公司、英国盛世长城广告公司、美国凯创等世界 500 强和英美知名外企工作

企业咨询 / 高管培训

为近百家中外大中型企业（包括世界 500 强、中国 500 强、本土大中型上市公司）提供过管理咨询服务和企业中高级人才培养工程实战培训，咨询和授课满意度均达 98% 以上。管理实操水平不仅受到世界权威组织 IFAC（国际会计公会）权威专家们的高度评价，还得到了联合国原助理秘书长、联合国和平大学首任校长马丁·李斯先生的高度评价，称："邹志英女士具有独特的洞察力和智慧，将西方企业管理中科学严谨的理论和实战方法与中国传统文化和处世方式有机结合在一起。"

在英、美、德、中资企业先后工作 20 多年，期间曾就职著名跨国公司 14 年，担任过美国非营利组织全球董事（华人董事仅有两位），上市集团企业董事、执行副总裁及 CFO，上市公司独立董事和审计委员会委员。成功运用战略管理、管理会计方法论和独创的"珍珠链"预算管理体系，使濒临资金崩盘的企业在短期内起死回生，3 年内销售收入增长 36 倍，从 4000 万元增至 15 亿元。

20 多年来致力于用"工匠精神"做事，用创新管理思想和方法论推动企业管理转型，帮助企业做大做强，走向国际化。

推动了 14 次并购整合、128 轮融资谈判，领导过 83 个项目管理，为

不同企业设计盈利模式和经营管理运营架构，打造了具有"战斗精神"的无敌军团。

近年来，将自己过往 20 多年的实战经历开发成 40 门深受欢迎的实战课程，在全国各地巡回授课、演讲，并多次为职业经理人解惑，传授职场实战成功宝典，成功助力几百位企业管理者打造精彩职业生涯。

专著 / 专访

- 2022 年出版著作《玩转全面预算魔方（实例 + 图解版）（第 2 版）》（机械工业出版社）。
- 2021 年出版著作《漫话管理会计是什么》（机械工业出版社）。
- 2018 年出版著作《英眼视界：直击企业痛点》（清华大学出版社），被评为"2018 年中国十大经管好书""十本优秀管理者必读书籍""十本精选商务人士进修管理好书"。
- 2015 年题为《行走在有温度的财务旅途中——访北京志赢盛世管理咨询有限公司董事长邹志英》的独家专访，被收录在"求是先锋：领导干部全面深化改革的理论与实践"丛书和"中国新时代创业经典"丛书中。
- 2014 年出版著作《玩转全面预算魔方（实例 + 图解版）》（机械工业出版社），被权威媒体之一——中国会计网评为"财务人一生必读的八本书籍"，连续八年名列京东财务管理热卖榜、经济管理热卖榜和预算管理热卖榜的前十名，被京东读者评为"中国优秀财务管理者必读的十大实用好书""中国十本精选经济管理好书"。
- 在中国及美国知名媒体上发表了 80 余篇实战管理、财务管理和管理会计类文章。

视频课程

- 6集视频《看财务管理如何改变企业命运》在喜马拉雅、清华文泉课堂推出。
- 3集视频《战略财务：企业起死回生之秘诀》在清华文泉课堂推出。
- 6集视频《2021年企业现金流必备管理课》在《中国经营报》触角学院推出。

志英独创四大理论

理论一："珍珠链"预算管理体系

战略决定企业生存，执行创造利润，"珍珠链"预算管理体系可以解决企业头痛医头、脚痛医脚的问题，助力企业打造"战略—业务—财务—人力"四位一体、融合发展的管理闭环体系，做到管不死、放不乱，确保事事有目标、事事有承诺、事事不推诿、事事有考核、事事有人盯、事事有成效，是实现企业战略有效落地的最佳方法论之一。

理论二：六种"动物论"

将管理者的角色比喻成六种动物，帮助管理者突破被禁锢的思维模式，学会在复杂多变的环境下，做好角色转换，实现职场生涯的华丽转身。

理论三：管理会计"三镜合一"

财务会计的作用相当于"照相机"，管理会计的作用相当于"放大镜、望远镜和显微镜"。管理会计"三镜合一"的意义，在于帮助管理者娴熟运用管理会计这门科学及时查缺补漏，杜绝跑冒滴漏，从根源上提升企业核心竞争力，让管理会计成为企业管理的通用语言。

理论四:"蚂蚁理论"

粗放管理带来的弊端是战略盲目、业务莽撞、管控忙乱、人才茫然,结果就是企业绕不开"长不大""活不久"的陷阱。"蚂蚁理论"可以帮助企业运用大数据,做好"五精建设",即精准定位、精准营销、精细作业、精准管理和精准决策,提高效率,提质增效塑品牌,让企业真正行走在可持续的健康发展道路上。

欲知作者更多实战管理经验与技巧,可微信扫码或登录邹志英网站,欢迎交流和分享。

1. 微　　信:

2. 网　　站:www.bjzyss.com

3. 电子邮件:czou2008@126.com

推荐序一

由于我曾在北京国家会计学院工作的原因，邹志英女士和我在工作中接触较多，也比较熟识。她在外企担任高管多年，有着20多年的实战经历且业绩突出，其独立思考和善于总结归纳的能力给人印象深刻。她在学院的授课也是理论与实务兼备，广受学员欢迎。

2014年，邹志英女士撰写的《玩转全面预算魔方（实例+图解版）》一书自问世以来，备受读者关注和喜爱。之所以这本书受到大家的追捧，我想主要原因有三：

第一，实用性高。作者以她所供职的企业为背景，为读者分享了大量的真实案例，详述了众多行之有效和实用的管理工具模型。

第二，系统性强。作者提出了独创的"珍珠链"预算管理体系，通过实现企业的"战略—业务—财务—人力"的一体化，系统性地解决了企业提质增效等问题，避免企业出现"头痛医头、脚痛医脚"的管理大忌。

第三，专业性强。本书既有理论基础，又有实操方法、路径和工具，书中介绍了全面预算要解决和理顺的重要问题，比如全面预算与企业战略、绩效考评的关系问题，全面预算的实施和调整问题等。

毫无疑问，《玩转全面预算魔方（实例+图解版）》已取得了非常大的成功。时隔 8 年，邹志英女士不断追求卓越、勇攀高峰，在第 1 版图书的基础上对体例结构、内容、案例、方法和模板等又做了全面调整和重要更新，最终完成了本书第 2 版的修订工作。本书第 2 版内容看点颇多，主要有以下四点：

第一，直击企业痛点。预算执行难一直是国内企事业单位推行全面预算的最大痛点，作者邹志英女士根据自己 20 多年的预算实践经验，精心总结出了一套"土洋结合"的预算实操方法，穿插了多个经典的场景化案例，展示了百余张模板和图表，身临其境般地将读者带入"战略规划—年度计划—预算编制—执行分析—考核评价"的全面预算全景图中。

第二，更加注重实操落地。本书第 2 版内容延续了第 1 版实操性强的特点，案例将更加紧扣时代脉搏，场景也更加贴合企业实际情况，并随书附赠全面预算管理配套工具《行动日志》7 天体验版，将读者带入沉浸式体验中，激发、引导读者主动探究，并将书中的实操方法、工具模板与实际工作融会贯通，让学到的知识即刻落地。

第三，内容更加丰富翔实。本书第 2 版的内容更加全面系统，层次愈加清晰分明，书中内容分为四部分，愈加强调全面预算落地实施的实战体会、操作技巧和应用工具。

第四，趣味性更浓。本书第 2 版精美的排版令阅读更加轻松与愉悦。作者用通俗易懂的语言不仅为管理者赋予了战略和财务视角，助其用好全面预算操控企业全盘，也为财务人士赋予了战略和业务视角，助其"跳出财务做财务"，做好业财融合。

我相信阅读本书可以帮助不同类型的读者提高分析问题以及解决问题的能力，从而让全面预算成为企业数字化转型、实现战略突围的有力抓手，帮助更多企业做大做强，减轻政府压力和负担，实现中华民族伟大复兴的中国梦、强国梦。

我坚信《玩转全面预算魔方（实例＋图解版）》第 2 版依然会在国内众多的财经管理书籍中脱颖而出。我预祝它取得更大成功，让中国特色的管理会计之花遍地盛开。

张天犁

北京国家会计学院原副院长

推荐序二

邹志英又一次成功地做到了！邹志英女士在财务管理领域耕耘了20多年并获得了巨大成功。她在帮助几家跨国企业、中国公司建立先进的管理体系和平台后，落笔成文，将她工作经验中最精华的部分浓缩在了这本精彩纷呈的《玩转全面预算魔方（实例+图解版）》一书中。

我曾经非常有幸跟邹志英女士在默克制药中国公司一起共事，我特别欣赏她坚守原则的工作作风、职业化的做事方式、逻辑化的表达方法，以及系统化的思考方式。她独特的管理智慧、丰富的实操经验和创新思维贯穿于《玩转全面预算魔方（实例+图解版）》全书中。在与邹志英女士的密切合作过程中，我一直特别欣赏她对数字所昭示的真相从不妥协的工作风格，这反映了她的信念——向现实妥协最终是致命的。这是当今跨国公司职场文化中被低估的一种稀缺品质。邹志英因严守职业操守、秉承精细化工作风格、坚持知行合一且主动担当作为而得到了业界的普遍赞誉，她认为用工匠精神做对的事是她的本职工作。这本书极贴切地反映了她的这种工作品质，我为曾经与她共事而感到荣幸。

在我整个职业生涯中，我将大部分时间花在将亏损的企业扭亏为盈、为企业提质增效塑品牌上，其中有一部分工作是我在企业就职 CFO 期间完成的。这些年，我看到了太多企业虽然有完美无缺的宏伟计划，但是由于缺乏严格的预算执行控制机制，这些完美的计划最终落空；我也看到了很多企业由于缺乏以战略为导向的全面预算管理体系，导致企业走向失败或者破产。比如许多 20 世纪 90 年代鼎盛一时的跨国公司昙花一现就是由于财务问题所致，只留下失望的股东们互相指责。

《玩转全面预算魔方（实例＋图解版）》这部著作具有极大的价值，其看点有三：

第一，案例丰富，直击企业各类痛点。

本书实战案例多、模型多，内容丰富翔实，直击企业痛点，并清晰展示了世界 500 强企业和中国本土企业先进的全面预算管理模式、操作步骤、经验体会和成功做法，尤其是全面预算管理在不同阶段、不同环节的实操要点、技巧和应用案例是本书的一大特色。

第二，系统性高，揭示全面预算跟企业命运紧密关联的奥秘。

企业管理者如果不能在战略层面讨论全面预算管理是"玩不转的"。书中邹志英女士独创的"珍珠链"预算管理体系，将企业的"战略—业务—财务—人力"巧妙地穿成一串精美的珍珠。这套土洋结合的管理思想恰恰是全面预算实施有效的秘密武器，它能对企业的可持续发展、开源节流、价值创造起到巨大的促进作用。同时，也规避了国内很多企业存在的"头痛医头、脚痛医脚"的碎片化管理弊病。

第三，通俗易懂，直观、清晰地解释了全面预算管理的常识和执行

本书思路清晰，图文并茂，直观、更清晰地表达了全面预算是什么—为什么—做什么—怎么做，不仅是 CEO 和 CFO 的枕边书，也是相关职场人士的必读书。

最后，我由衷希望《玩转全面预算魔方（实例+图解版）》一书能够让更多的读者认识全面预算，应用全面预算，爱上全面预算，以全面预算作为企业转型升级的抓手，培植核心竞争力，实现战略突围。

马丁·埃尔贝斯

默克制药（香港）有限公司前 CEO

前言

经典的实战案例，娓娓道来全面预算执行的方法

《玩转全面预算魔方（实例+图解版）》自2014年10月面世以来广受好评，被多所大学列为研究生实用指导教材，被众多央企、国企、知名上市公司、管理咨询和培训机构列为实操教材，读者好评率达99%。

这些年，我给不同企业做了全面预算的咨询和培训，也辅导了一些研究生、博士生完成以全面预算为主题的毕业论文。在这个过程中，我看到了大家在全面预算执行过程中存在的困惑和迷茫，比如：

- 为什么全面预算落到实处就坐蜡？
- 如何理解全面预算管理与战略的关系？
- 如何将全面预算与绩效控制关联起来？
- 全面预算管理仅靠财务部门推进，力量是否足够？
- 预算目标一旦确定，企业应该岿然不动还是容忍一定程度的调整，这个幅度如何界定？
- 全面预算体系构建起来就万事大吉了吗？还是只是"万里长征第一步"？

这些困扰让全面预算管理看起来像一个费时费力却无解的魔方。于是，我在《玩转全面预算魔方（实例+图解版）》第1版的基础上重新做了重要更新、润色，补充了大量实用的干货和操作体会。以我过往20多年的职场历练，尤其是在世界500强企业的学习和实践，我悟出了一个道理：全面预算管理之"难"，体现在如何构筑一套"上接战略，中接业务，下接绩效"且软硬兼施、环环相扣和行之有效的实操"落地"体系。

具体来说，首先，"战略决定生存，执行决定利润"。在全面预算实践中，企业必须着眼全局，而绝非仅凭财务视角，要始终坚持"战略—业务—财务—人力"四位一体、融合发展的核心思想开展全面预算管理实践工作。也就是说，要将企业决策层的战略规划、企业经营部门的业务计划、企业财务部门的资源获取及配置和企业人力资源部门的业绩考核评价融为一体，整合成有效的企业核心管理模式。

其次，在全面预算实践中，企业要建立一套环环相扣、丝丝相连的计划体系。这样做才能加强企业不同层面管理者的战略思维意识与掌控能力，让管理者和员工充分理解计划、控制和跟踪执行的必要性，以及预算与战略规划、业务活动、资源配置、执行分析、绩效管理的紧密关系，减少全面预算落地执行中的阻力，让全面预算真正发挥为企业捍卫价值、提升价值和创造价值的作用。

本书主要内容

本书一共有7章，融入了多个有代表性的场景化案例和百余张彩色图表，身临其境般将读者带入"战略规划—年度计划—预算编制—执行分析—考核评价"的全面预算实操全景中。各章的简要介绍如下：

第1章：介绍全面预算的"十面埋伏"，美式预算和中式预算运用情况调研，以及如何破解全面预算的七大纠结。

第2章：介绍全面预算十一大常识，让全面预算落地的五大关键点，以及如何匹配企业的生命周期。

第3章：介绍全面预算五大实操环节需要使用的"IPO"思维，以及用37个实战案例介绍玩转预算"魔方"的法则和实操技巧。

第4章：介绍"珍珠链"预算管理体系是如何改变一家四面楚歌的中国企业命运，令其转危为安，3年收入增长36倍，以及成功推行全面预算的"六要"做法。

第5章：以M集团（中国）公司为例，介绍外企全面预算的实操方法、技巧、工具和模板。

第6章：以一个"生活化"的购车案例，形象地介绍了"珍珠链"预算管理体系方法论，它是全面预算落到实处的魔法石。

第7章：介绍了全面预算的九大实用模型，以及在企业实操中的应用案例。

本书主要特点

本书浓缩了我个人20多年的最佳实践、管理经验、实操教训以及研究心得，所有案例均来自一线实战。全书没有任何晦涩难懂的专业词语，而是以实用性为准绳，以可读性为导向，使读者循序渐进地领略和体验全面预算是什么－为什么－做什么－怎么做，以及它与财务预算的本质区别，它的重要性，它与企业命运和个人生活的紧密关联，它如何才能落到实处，它如何应用在个人生活中……

本书也是一本人人都能看得懂、用得上的实用管理工具书，让读者7天轻松掌握一门有用的预算管理学问，既可以让初学者轻松起步，又能让熟练者精准提高管理实战水平。有它在手，读者可以自信地漫步在职场中，轻松驾驭企业利润倍增、规模扩大、经营管理的难题和痛点，用成效说话。

读完本书后，读者"拿来就用"，不仅能够明白全面预算管理带给企业和个人的巨大价值，还会脑洞大开，轻松应对企业战略、业务、财务和人力资源管理中出现的多种痛点和难题，运用全面预算的知识和方法，帮助企业扭亏为盈，提质增效塑品牌，走"实业强国"之路！

本书读者人群

1. 企业家

本书可以帮助企业家掌握全面预算的实操精髓，用全面预算促进企业战略落地，引领企业转型升级。

2. 企事业单位不同层级、不同部门的管理者

本书可以帮助管理者掌握全面预算的底层逻辑，用全面预算夯实企业的管理基础，提升企业的综合管理水平，提高经营效率和效能。

3. 创业者

本书可以帮助创业者学会运用全面预算管理，引领企业做大做强，绕开死亡陷阱。

4. 财务、会计从业者

本书可以帮助财务与会计从业者用好全面预算，为企业合理配置财务资源，赋能业务和管理，为企业创造价值。

5. 投资人

不是所有投资都会成功，投资有风险。

全面预算可以帮助投资人做好投资规划和运营管理，提升股东回报。

6. 人力资源从业者

本书可以帮助人力资源从业者学会用全面预算的思维做好人力资源的战略规划和年度计划，事前算赢，做好企业的人才配置、人力资本管理和风险控制。

7. 销售、市场从业者

本书可以帮助销售、市场从业者学会用全面预算的思维做好业务、市场战略规划和年度计划，做好业务部门的资源管理和风险控制。

8. 相关职场人士

本书可以帮助相关职场人士掌握结构化思维和系统性分析能力，学会用全面预算的知识和方法论建立财富思维和管理思维。

9. 财务、会计、金融和管理专业的本科生和研究生

凡事预则立，不预则废。全面预算可以帮助学生打开视角，跳出财务看财务，提升系统化思考和解决问题的能力。

目录

我的美好愿望
作者简介
推荐序一
推荐序二
前言

第1章　全面预算是本难念的经

一、执行：预算之殇 / 006

二、中式预算对比美式预算 / 008

三、企业年年做预算，为何落到实处就坐蜡 / 013

四、快速自测：你的预算经好念吗 / 032

第2章　近距离认识全面预算管理

第一节　全面预算管理概述 / 036

一、全面预算管理的含义 / 036

二、全面预算管理的五大观念 / 037

三、测一测：你对全面预算管理知多少 / 037

第二节　实施全面预算管理的重要性 / 038

一、全面预算管理的五大作用 / 038

二、全面预算管理的重要性调研 / 040

第三节　全面预算管理的主要内容 / 041

第四节　五大关键点，让全面预算管理成功落地 / 042

第五节　为全面预算"组阁" / 045

　　一、设置预算组织的目的和意义 / 045

　　二、选择合适的人成为预算"内阁"成员 / 045

　　三、为预算"内阁"成员制定明确职责 / 045

第六节　全面预算管理的实施环节 / 048

　　一、全面预算管理体系的框架 / 048

　　二、全面预算管理的实施环节 / 049

第七节　预算管理要与企业生命周期相匹配 / 073

　　一、企业生命周期 / 073

　　二、预算管理在企业生命周期各阶段的应用 / 074

第八节　媒体之音 / 077

　　一、预算的"四化" / 077

　　二、预算与内控相得益彰 / 081

　　三、形成以经营和预警为核心的闭环管理 / 083

第 3 章　37 个案例告诉你转动预算"魔方"的法则

第一节　全面预算管理在实操中的五大环节 / 092

第二节　用成效说话：全面预算管理应该这样做 / 093

第三节　预算疑难问题及应对措施 / 157

　　一、常见疑难问题及应对措施 / 157

　　二、全面预算"点睛"之笔 / 162

第 4 章　全面预算管理的实操步骤：T 集团 3 年收入增长了 36 倍

第一节　资金紧、业务方向不清，T 集团何去何从 / 165

一、案例背景介绍 / 165

二、全面预算实施环境：四面楚歌 / 167

三、由 T 集团案例引出的两大疑问 / 169

第二节　如何让 T 集团走出"内忧外患"/ 170

一、脱困建议：推行以战略为导向的全面预算 / 170

二、实施全面预算管理遭遇的七大尴尬事 / 170

三、成功推行全面预算的做法：坚持"六要"/ 171

第三节　"珍珠链"预算管理体系使 T 集团转危为安 / 172

一、好结果源于好设计："珍珠链"预算管理体系隆重登场 / 172

二、揭开"珍珠链"预算管理体系的面纱 / 173

三、实操步骤："珍珠链十步走"使预算落到实处 / 173

四、实施全面预算前后效益对比 / 197

五、"珍珠链"预算管理体系的实践特点 / 199

第 5 章　外企先进预算管理实践："三步走"策略落地预算，让企业业绩倍增

一、案例背景 / 202

二、推行预算的四大挑战 / 203

三、"三步走"策略让预算落到实处 / 204

四、全面预算三大实践特色 / 211

五、案例效益分析 / 213

第6章　实战演练：用预算购车大不同

一、购车案例背景介绍 / 219

二、"珍珠链"预算管理体系使购车决策更明智 / 220

三、购车结果 / 233

四、总结："购车"案例与全面预算管理的关联 / 234

第7章　全面预算实用模型及应用案例

第一节　一张图，秀出全面预算九大实用模型 / 238

第二节　杜邦分析模型 / 239

一、杜邦分析模型长相 / 239

二、杜邦分析模型简介 / 240

三、杜邦分析模型的使用方法 / 241

四、杜邦分析模型在企业实操中的应用案例 / 242

五、杜邦分析模型的局限性 / 244

第三节　PEST 模型 / 245

一、PEST 模型长相 / 245

二、PEST 模型简介 / 245

第四节　波特五力分析模型 / 247

一、波特五力分析模型长相 / 247

二、波特五力分析模型简介 / 247

三、波特五力分析模型在企业实操中的应用案例 / 248

第五节　SWOT 分析模型 / 249

一、SWOT 分析模型长相 / 249

二、SWOT 分析模型简介 / 250

三、SWOT 分析模型在企业实操中的应用案例 / 251

第六节　平衡计分卡模型 / 252

一、平衡计分卡模型长相 / 252

二、平衡计分卡模型简介 / 252

三、平衡计分卡模型在企业实操中的应用案例 / 254

附录 A　志英全面预算 40 个实战体会 / 256

附录 B　只有非常努力，才能看起来毫不费力
　　　　——《玩转全面预算魔方（实例 + 图解版）》炼成记 / 269

附录 C　为《玩转全面预算魔方（实例 + 图解版）》一书点"赞" / 272

附录 D　《玩转全面预算魔方（实例 + 图解版）》读者赞誉摘录 / 276

致　谢 / 281

第1章
全面预算是本难念的经

阅读本章前,建议先思考以下6个问题:

- 01 全面预算在中国企业的实施效果为什么不好?
- 02 全面预算为什么不能一步到位?
- 03 全面预算与企业战略有什么关系?
- 04 全面预算与企业绩效管理有什么关系?
- 05 预算审批后,要不要调整?
- 06 预算编制都是财务部门的事吗?

你有答案了吗?邀请你继续阅读

第1章 全面预算是本难念的经

精彩抢先读——全面预算实践的"十面埋伏"

一、执行：预算之殇
1. 全面预算实践中高管关注的十大困惑和痛点
2. 全面预算管理的认识误区

二、中式预算对比美式预算
1. 美式预算运用情况
2. 中式预算运用情况
3. "一重三轻"现象

三、企业年年做预算，为何落到实处就坐蜡
1. 全面预算管理：一步到位还是循序渐进
2. 全面预算管理与战略：各行其道还是互为表里
3. 全面预算管理的基础体系：霸王硬上弓还是稳扎稳打
4. 全面预算与绩效管理：不关联还是唇齿相依
5. 预算编制：财务单挑还是协同作战
6. 预算监控与分析：管理行为的起点还是终点
7. 预算调整：绝不调整还是适时调整

四、快速自测：你的预算经好念吗

第1章 全面预算是本难念的经

志英心得

"企业年年做预算，新老问题总不断；貌似知道其中法，落到实处就坐蜡。"可见，全面预算管理在中国企业的实施效果普遍不理想，体现在预算实践的四个"梗"上：认识不到位、参与不到位、方法不到位和执行不到位。

企业管理者只有走出全面预算的认知误区，找到一套可落地的实操方法论，才能避免跌入全面预算的"十面埋伏"中，让全面预算不再成为一本难念的经。

精彩抢先读

全面预算实践中的"十面埋伏"

现代管理学之父彼得·德鲁克曾对预算下过一个言简意赅的定义："预算不是一场数字游戏，而是围绕战略目标的设立而进行思考的过程"。这实际上是对全面预算管理的内涵做出了高度概括，道出了全面预算管理与企业发展战略之间的紧密关联。

然而，从过去十几年国内企业实施全面预算管理的实践结果来看，无论在战略规划、年度计划、预算编制、预算执行和预算考核方面，企业普遍感到全面预算并没有为企业带来明显的价值提升。

在预算实操中，战略失传、目标失控、结构失衡、内容失察、方法失当、计划失效、手段失利、分析失准、考核失职和执行失度，变成了全面预算管理实践中的"十面埋伏"，就像一个被锁住了巨大能量的魔方，让企业望而兴叹。

以下两个案例可谓是对全面预算实施难点的管中窥豹，从中我们可以看出预算执行的难处。

案例与思考一　　财务在预算实践中唱独角戏，孤掌难鸣

W公司的财务经理小夏向公司总裁报告了企业近期费用开支失去控制，浪费现象严重，他诉说了自己的忧虑，提出了要通过制定制度和实施预算管理来控制公司各项费用的建议。

总裁同意了他的建议，并授权财务部门负责对企业财务制度的修订、执行和预算的编制、执行。

于是，小夏没日没夜拼命地工作，在他的领导下，财务部门很快出台了一系列制度并下达了各部门的费用预算，然后就开始执行。

但没想到公司各部门怨声载道，投诉告状纷至沓来，一时间财务部门成了众矢之的，大家把工作延误、生产停工待料等都归咎于财务部门。

这时，总裁把小夏叫到办公室训斥了一番。小夏一肚子委屈，不明白自己究竟错在哪里。

提问

1. 案例中提到的预算之难，是指什么？
2. 小夏为什么费力不讨好？是小夏没跟其他部门搞好关系，大家伺机报复，还是小夏的工作方法出现了问题？如果你是小夏，你会怎么做？
3. 案例中的情景只会发生在中小企业吗？大企业中是否也存在类似的现象？

答案

_____
_____
_____
_____

> **案例与思考二**　　**预算落不到实处，错在何处**

A 企业由于实施全面预算管理出了名，媒体和政府有关部门对此给予了特别关注。

有人问 A 企业的财务负责人徐总："在企业的全面预算管理工作中，您感到做的不足的地方是什么？最难做的工作是什么？"

徐总回答道："不足的地方是预算落不到实处，最难做的是由财务部门来执行预算。"

提问

1. 案例中提到的预算之难，是指什么？
2. 徐总提到的"预算落不到实处"，错在何处？为什么说最难做的是由财务部门来执行预算？
3. 你所在的企业实施全面预算时，有哪些不足？最难做的工作是什么？

答案

从以上两个案例中，我们不难看出：企业在推行全面预算管理时会遇到诸多阻力，要想玩转全面预算"魔方"，企业"一把手"和高层管理者必须要高度重视，并深度参与其中，以数据驱动为切入点，在战略目标的引导下，始终坚持"战略－业务－财务－人力"四位一体、融合发展的核心思想，将公司决策层的战略规划，经营部门的业务计划，财务部门的资源获取、配置以及预算

编制和人力资源部门的业绩考核评价融为一体，整合成有效的企业核心管理模式，通过合理分配人力、物力和财力等各项资源协助企业实现战略目标，监控战略目标的实施进度和效果，控制不合理的费用支出，监控资金的流向、流速和流量，预测企业的盈利空间。

一、执行：预算之殇

1. 全面预算实践中高管关注的十大困惑和痛点

几年前，我和我的团队就全面预算实施过程中存在的困惑和难点与不同企业的高管做了深入沟通和交流，总结出了企业实施全面预算管理时面临的困惑和痛点，具体内容如表1-1所示。

表1-1 全面预算实践中高管关注的十大困惑和痛点

	高管的困惑	企业的痛点和难处
1	如何通过预算落实企业战略？	企业战略很清晰，但是缺乏可以落地的工具，预算只是财务部门的数字游戏
2	如何根据预算有效配置资源？	资源配置一直是个难题，做好了，可以激励各责任单元和所有员工朝着既定目标前行；做不好，会造成内部分配不均衡，导致员工失去积极性和创造性，或者造成企业各责任单元"无利而不为"
3	如何通过预算提高投入产出比？	企业各项成本费用支出较大，投入产出比较低，不知如何通过预算发挥降本增效的作用
4	如何将业务规划和预算编制有机结合起来？	公司业绩预测不准确，业务规划没有跟预算编制有机结合，没有设置专门的预算组织，没有规划全面预算顶层设计，没有制定预算编制流程，没有设置合理的预算指标，没有可落地的预算模型和工具，没有进行预算执行分析，没有建立预算考核和追踪机制等，导致公司业务规划不能落地，预算目标未能完成。公司管理层、骨干员工对全面预算如何落地感到一头雾水
5	如何让预算不只是"下任务"？	确定预算标准时，存在讨价还价现象；在预算编制过程中，上下级之间往往处于对立面
6	如何提高预算精度？	受内外部环境制约，预算精度差

（续）

	高管的困惑	企业的痛点和难处
7	如何通过预算建立全岗位KPI？	在企业以往的预算分解时，没有形成完整的且覆盖所有岗位的KPI考核评价体系，企业副总裁和各部门负责人都没有KPI，企业职能部门的KPI跟企业战略目标无关联
8	如何通过预算确保企业短期、中期和长期目标的实现？	企业一直在摸索，如何才能在企业内部建立一套系统、完整和有效的全面预算管理体系，使规划和预算结合起来，确保年度目标和长远战略目标的实现
9	如何通过预算衡量、评价员工的工作成果？	企业后勤人员和技术人员的工作不好量化。比如，一名后勤人员应该支持多少名前端人员，做多少工作，如何计量他们的工作成果，这些都是日常管理的难题和痛点；再如，技术人员应该支持多少客户，能提供多少解决方案，做多少宣讲，售前和售后技术人员如何与销售捆绑在一起，如何设KPI等
10	如何通过预算激励员工？	企业中很多岗位职责描述不清晰，依靠激情做事。比如，没有销售体系的任职资格，销售人员对激励机制不满意；没有人员升与降、去与留的标准；员工的职业发展通道不畅，员工的关键能力如何评价是个难题等

2. 全面预算管理的认识误区

全面预算管理的认识误区体现在以下六个方面，如图1-1所示。

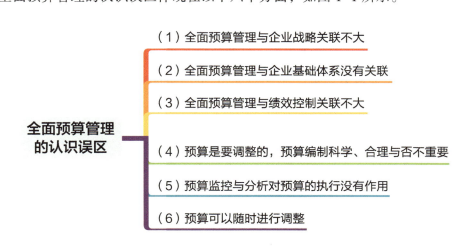

图1-1　全面预算管理的六大认识误区

二、中式预算对比美式预算

1. 美式预算运用情况

某调研机构根据美国 400 家大型企业预算运用情况做了一份调研,调研结果如表 1-2 所示。

表 1-2　美国本土企业运用预算情况调研

行业	运用预算的企业所占比例(%)
商业银行	98
服务机构	100
人寿保险公司	96
大型生产制造公司	100
批发商与零售商	97
交通运输企业	94
公共事业公司	96
其他	83

资料来源:杰罗尔德·L.齐默尔曼《决策与控制会计》。

从调研结果看,在美国,全面预算管理受到了多数企业的重视,很多企业通过运用全面预算管理提高了经营的效率和效能,实现了企业的战略目标,推动了企业的成熟发展。尤其是自 20 世纪全面预算管理在美国通用电气公司、杜邦公司和通用汽车公司应用后,这一方法很快就成为美国大型现代工商企业的标准作业程序。

由此可见,全面预算管理是企业内部管理控制的主要方法,也是将企业战略有效落实到执行的最佳管理方法之一。它的作用是融计划、沟通、协调、管理、监督、激励、评价于一体。正如美国管理学教授戴维·奥利所说:"全面预算管理是为数不多的几个能把组织的所有关键问题融合在一个体系之中的管理控制方法之一。"

2. 中式预算运用情况

我和我的管理咨询团队曾经对来自不同性质的企业（国企、民企、外企）、不同行业、不同职位的共计156名企业管理者，针对"全面预算管理的认识与执行困惑"做了实地调研和深度调查访谈。

调研涉及三个问题：

问题一：你所在企业的全面预算管理有效吗？结果如图1-2所示。

问卷问题：你所在企业的全面预算管理有效吗？

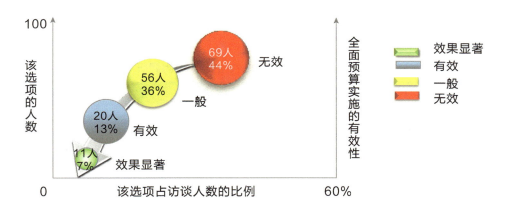

选项序号	选项内容	选项人数	占访谈人数的比例
1	全面预算管理实施无效	69	44%
2	全面预算管理实施一般	56	36%
3	全面预算管理实施有效	20	13%
4	全面预算管理实施效果显著	11	7%

图1-2 企业全面预算管理实施有效性调查结果

问题二：在预算实践中，你所在的企业和你最关注什么？结果如表1-3所示。

表 1-3　企业和管理者对全面预算管理的关注内容调研

选项序号	选项内容	访谈总人数	该选项人数	占访谈人数的比例
1	提高经营效率和效益		101	71%
2	帮助企业实现发展战略		99	64%
3	预算的执行	156	69	44%
4	预算的准确性		65	42%
5	夯实企业管理基础		58	37%

问题三：你所在的企业在编制全面预算时，会遇到哪些典型的"困难"？结果如表 1-4 所示。

表 1-4　全面预算执行难的八大原因调研

	困难	具体描述
1	财务预算孤立无援	公司的年度预算由财务部门牵头，其他部门中层以上的管理者只是负责填一下财务部下发的预算表格
2	计划赶不上变化	企业的战略规划和业务计划不具体、不明确，目标设定缺乏科学依据，主要依靠CEO个人判断来定，由此编制的预算缺乏权威性，变动较频繁
3	缺少预算编制的依据和标准	对实施全面预算管理的重要性认识不足，在预算编制前，涉及预算管理的基础性工作较差，缺少编制预算的依据和标准，企业缺少明确的目标设定指引，导致预算主体单位上报的预算数据同企业高层的预期偏差较大
4	预算编制流程无序	公司内部的预算编制流程虽然已建立，但流程缺乏条理性和系统性；各部门和基层单位编制部门内预算的方式不尽相同，部门内部预算编制的过程也存在差异
5	预算编制表格与业务无大关联	公司缺乏以业务为导向的预算编制表格，以会计科目表为原型的预算表格作为部门预算数据的科目汇总表格，业务部门对其理解存在偏差
6	缺乏预算编制的培训	预算制度、预算表格、预算编制方法方面的系统性培训不足，造成预算人员对预算表格的理解存在差异，预算数据粗细不均

（续）

	困难	具体描述
7	预算管理程序混乱	预算编制和审批过程中的上下充分沟通有待进一步加强；财务部门就预算修改原因与部门领导层沟通后，有些部门内部没有及时与预算编制执行人员进行充分沟通；员工在不明了预算修改原因的情况下容易产生不良情绪；在执行中出现不执行预算，或者多报预算的情况
8	预算编制缺少信息化支撑	企业编制预算时，缺乏信息化系统支撑，导致工作量大，数据的出错率高

通过调研、分析、走访，我们得出了结论：全面预算管理在中国企业的实施效果普遍不理想，体现在预算实践的四个"梗"上：认识不到位、参与不到位、方法不到位和执行不到位。

（1）认识不到位

认识不到位体现在两个方面：

第一，企业对全面预算不够重视，将其简单看作财务部门的工作，导致财务部门独木难支。

第二，企业对全面预算管理的各方面情况不了解，对全面预算的认识存在误区、盲区。

（2）参与不到位

企业在推行全面预算管理实践时，没有明确表示全面预算是"一把手工程"，也没有要求企业的"一把手"，如总裁或CEO，以及业务、各职能部门的负责人深入参与其中，结果就会因为没有带头人，导致预算落不到实处。

（3）方法不到位

企业缺乏一套完整的全面预算运作思路，包括但不限于：全面预算的顶层设计、预算编制流程、预算组织的分工、预算角色扮演、预算指标设置和预算应用工具等。

（4）执行不到位

执行不到位体现在四个方面：

第一，全面预算管理实施难，让企业管理者有畏难心理。

第二，预算分析缺乏深度，不仅导致决策失准，还会导致"预算计划赶不上变化"。

第三，管理者在预算执行过程中，疏于监督、检查、落实责任，导致全面预算执行力度不强。

第四，预算考核激励不到位，造成员工工作懈怠，预算松弛或者权威性下降。

3. "一重三轻"现象

通过美、中两国企业全面预算运用情况的对比分析，我们不难看出：全面预算在美国多数企业中的应用是比较成熟且全面的；而它在中国多数企业中的应用不够全面、效果不甚理想。

以预算编制为例。在中国，多数企业编制预算较为随意，预算编制严重脱离实际。比如，管理层想通过提高预算标准增加业绩，执行层想通过降低预算标准轻松完成预算目标，结果会造成目标定的过高或者过低，使预算成为上下级讨价还价的工具，预算编制失去价值。多数企业在做预算编制时，出现了"一重三轻"的现象。

（1）高度重视管理费用预算

90%以上的企业在编制预算时，重视管理费用的预算编制，说明在市场竞争机制的影响下，这些企业更加重视成本节约。

（2）轻视应收账款、应付账款、存货的预算编制

多数企业在编制预算时，轻视应收账款、应付账款、存货的预算编制，原因是这些企业没有意识到这三类预算能给企业带来的价值。

（3）轻视资本性支出预算

多数企业在编制预算时，轻视资本性支出的预算编制，原因是资本性支出业务对于大多数企业而言，不是经常性业务。

（4）轻视或不会编制现金流量预算

就现金流而言，多数企业更加看重收入和利润。除此之外，由于现金流量预算编制难度大，因此编制这类预算的企业比重比较低。

三、企业年年做预算，为何落到实处就坐蜡

全面预算管理是企业内部管理控制系统的核心，也是管理会计体系中最常用的方法。然而，提起预算，大多数管理者经常会发出这样的感叹："预算就像是一场数字游戏，企业年年做预算，新老问题总不断；貌似知道其中法，落到实处就坐蜡。"可见，全面预算管理实施之难，这项本应在企业管理中发挥重要作用的管控体系，往往因此而沦为企业管理者眼中的鸡肋——食之无味，弃之可惜。

我在不同企业实践全面预算有 20 年之久，看到了不同企业、不同职位的管理者总是陷入全面预算实施的七大纠结中，以下我将从实践角度谈一下破解之法，希望帮助读者解决实操中的难题和痛点。

1. 全面预算管理：一步到位还是循序渐进

在我供职或辅导的众多企业中，有超过六成的管理者迫切期待能够一步

到位、快速构建全面预算管理体系。那么，构建全面预算管理体系究竟应该一步到位，还是循序渐进，取决于企业的文化特点、领导层的管理风格、管理成熟度以及现有的预算管理水平。

假设企业的管理成熟度不高，内部人文环境比较复杂，现有的预算管理水平处于起步阶段或者初建阶段，那么我个人建议企业需要先做好全面预算的顶层设计，然后按计划循序渐进地推行全面预算。

业内总结了一个全面预算管理成熟度演化发展的模型，如图1-3所示，该模型把全面预算管理水平分为五个阶段：起步阶段、初建阶段、稳固阶段、提升阶段和领先阶段。

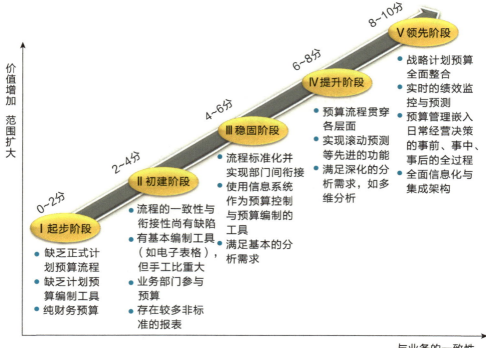

图1-3　全面预算管理成熟度演化发展的模型

从上图可以看出，全面预算管理实施的每个阶段都有其显著的特征，体现在：①业务与财务的衔接性；②战略计划与预算的整合性；③流程规则的标准化；④系统的自动化与集成性等方面。

"罗马非一日建成"。每家企业所处的行业不同，企业规模不同，组织架构不同，管理诉求不同，业务类型不同，管理基础和管理模式不同。全面预算管理的实施策略一定要因地制宜，企业务必要理性分析自身的管理诉求、阶段特点，持续、渐进式地构建完善的全面预算管理体系。

2. 全面预算管理与战略：各行其道还是互为表里

全面预算管理与企业战略的关系是互为表里。

战略决定企业生存和发展方向，决定了企业应该做什么、放弃做什么；全面预算可以细化和量化企业的发展战略，使企业的战略意图得以具体贯彻执行。因此，两者之间的关系应是相互促进的，企业战略是全面预算的起点，它决定全面预算管理的走向，全面预算管理为企业战略服务，它是有效连接企业战略计划、业务计划、财务预算的重要管理工具，如图1-4所示。

具体来说，通过实施全面预算管理，公司未来3~5年的战略目标可以有效转化为公司的年度运作计划，继而转化为部门的年度运作计划，最后细化为企业的收入预算、费用预算、投资预算、资金预算和财务预算。相对抽象的企业战略可以通过预算这一纽带，细化战略实施方案。如图1-5所示。因此，全面预算管理是企业战略规划控制的重要组成部分，做预算不是目的，而是通过做预算帮助企业战略落地。

在现实中，有很多企业错误地认为预算与企业长远发展战略关联不大，所以在实施全面预算时，预算与战略各行其道，这种将预算与战略割裂开的做法，往往会带来两种严重后果。

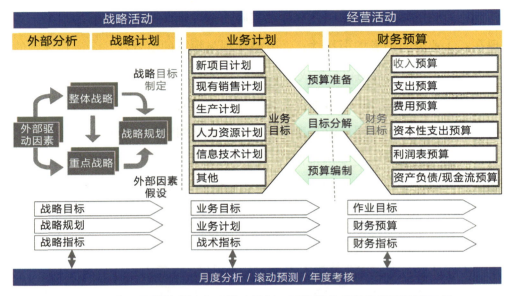

图1-4　全面预算管理是上承战略规划、下接绩效考核的重要管理工具

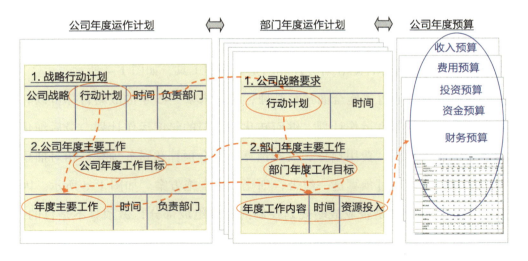

图1-5　公司年度运作计划、部门年度运作计划和公司年度预算的关联

后果一：战略变成空中楼阁

没有预算支撑的企业战略会变成空洞的战略。

没有预算这条纽带的链接，企业各部门无法对企业的战略目标、经营目标产生统一认识。这就会造成企业战略目标无法有效落实到员工的岗位目标和行动计划上，企业也不能通过预算实施、差距分析、反馈调整，巩固自身特有的竞争优势，最终导致企业有战略没执行，使战略变成了空中楼阁。

后果二：预算变成数字游戏

企业战略是全面预算管理的起点和方向，没有战略引导作为基础的企业预算就会变成没有目标的预算。如果预算仅仅是上报数字，既没有具体方案的支撑，又不能围绕企业战略目标协调不同预算主体的工作，那么预算所起的作用会大大缩减，变成了玩数字游戏。

从国际、国内知名企业成功实施全面预算管理的效果来看，建立一套上接战略、下接绩效的全面预算管理体系是十分重要的，它不仅能够完善企业的治理结构，提高企业的综合管理控制水平，还能落实企业的战略，增强企业的竞争力。

因此，全面预算管理与企业战略是相互依存和互为表里的关系。

3. 全面预算管理的基础体系：霸王硬上弓还是稳扎稳打

全面预算管理的基础体系要稳扎稳打，不能霸王硬上弓。

企业要想有效实施全面预算管理，首先要完善企业的基础管理体系，保证成本核算等基础数据的"货真价实"，其次需要构建有效的管控体系，如图1-6所示。

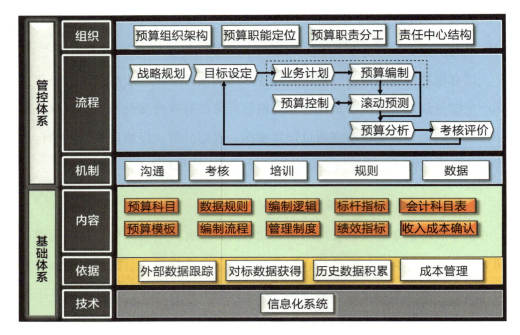

图1-6 全面预算管理体系构成

全面预算管理的基础体系包含11个核心要素，如图1-7所示。其中，基础数据是最重要的，如果基础数据不准确、不透明、不对称、不集成，整个预算就会变成"无源之水、无本之木"了，企业的高层决策者就难以获取准确的财务信息，这样汇总起来的数据信息就会普遍失真，无法为企业决策提供依据。

如前所述，全面预算管理的实施要根据企业自身的特点和所处的预算管理阶段循序渐进，打好坚实基础，从源头抓起，审时度势，不能超越现实基础，霸王硬上弓，否则全面预算管理在实施的过程中会到处碰壁，效果不佳。

4. 全面预算与绩效管理：不关联还是唇齿相依

全面预算与绩效管理的关系是唇齿相依的。

预算是绩效管理的基础，是企业各部门绩效考核控制的量化比较标杆；

第1章 全面预算是本难念的经

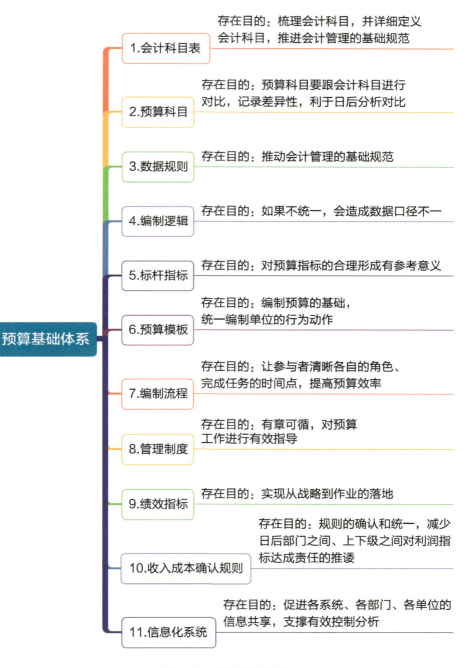

图 1-7 预算基础体系

预算的实现要通过绩效管理进行调整与控制，缺乏相应绩效考核的预算会造成企业实际经营结果与战略目标脱钩。

企业预算要想最大化地发挥作用，一定要跟绩效管理进行关联。在做规划的过程中，一定要把企业的战略目标转化为财务和非财务目标，然后再细化成企业的绩效指标、部门的绩效指标和个人的绩效指标，如图1-8所示。

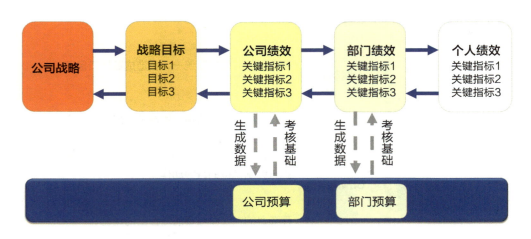

图1-8　全面预算与绩效管理的关联

企业预算是企业绩效的考核基础，部门预算是部门绩效考核的基础，两者相互作用。因此，企业在启动全面预算项目时，一定要让每一名员工清楚地知晓自己的绩效目标是什么，完成目标的路径是什么。只有这样，企业才可以通过目标的设定、指标的分解、预算的编制、预算的监控、差异的分析、KPI的考核和动态调整，实现企业的中长期战略发展目标。换句话说，预算管理是链接企业战略和绩效管理的纽带，企业战略目标要想顺利落地，必须运用全面预算加强内部管理控制，优化内部资源配置；必须运用绩效管理手段唤起员工心中沉睡的狮子，打造"一个目标、一种声音、一个团队"，让全员奔跑起来。

5. 预算编制：财务单挑还是协同作战

在实际工作中，很多企业的中高层管理者都认为预算编制是财务部门的事，预算编制就是填一下表格、上交一下数字；也有些管理者认为预算是财务部门控制资金支出的计划和措施。

那么，预算编制到底是财务单挑，还是协同作战呢？从我个人长期实践全面预算的经验看，预算编制需要协同作战，杜绝财务单挑。为什么这么说？

第一，全面预算管理是"一把手工程"，它超越了传统的纯财务预算范畴，所以必须杜绝财务单挑。

第二，全面预算管理可以发挥控制战略、管理和经营的作用，所以在实践过程中，企业必须做到协同作战。

假设，预算编制以财务部门为主，业务和其他部门参与度很低，那么会导致什么结果呢？

（1）目标失控

预算编制不合理，预算管理责、权、利不匹配，如果其他部门不参与，企业横向与纵向信息沟通就会不畅，那么会导致预算目标缺乏准确性、合理性和可执行性。

（2）执行失度

预算编制所依据的相关信息需要来源于企业的各个部门，如果其他部门不参与，那么会导致预算目标与战略规划、经营计划、市场环境、企业实际等相脱离。

（3）数据失准

预算编制基础数据来源于各个部门，如果其他部门不参与，那么会导致预算编制准确率降低。

（4）内容失察

预算编制的范围和项目需要涉及企业价值链管理的各个环节，如果其他部门不参与，那么会导致预算编制的范围和项目不全面，各个预算之间缺乏整合，全面预算难以形成。

（5）战略失传、考核失职

预算目标及指标体系的设计需要跨部门的头脑风暴和共同努力，如果其他部门不参与，那么会造成预算目标和指标体系的不完整、不合理、不科学，继而导致预算管理在实现发展战略和经营目标、促进绩效考评等方面的功能难以得到有效发挥。

全面预算管理有三大作用：控制战略、控制管理、控制经营，如图1-9所示。

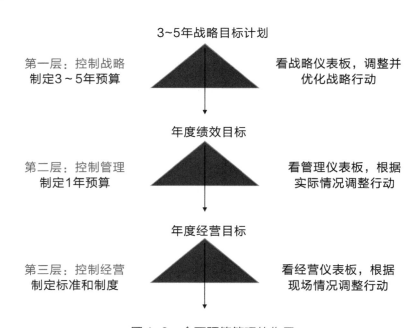

图1-9　全面预算管理的作用

作用一：控制战略

战略决定企业生存和发展的方向，全面预算是促进战略执行和落地的有效管理工具。

以 A 公司为例。

↘示例 1-1　四大关键点，让预算发挥控制战略的作用

背景：

A 公司制定了未来 3~5 年的战略规划后，想通过全面预算管理实现公司战略。

疑问：

A 公司是怎么做到的？

实操做法：

A 公司运用全面预算，帮助公司战略顺利落地，秘诀就是紧抓四大关键点。

关键点一：从大处着眼

通过预算目标的设定，量化 A 公司未来 3~5 年的战略目标，将战略目标细化为财务目标、非财务目标，据此制订 A 公司的年度经营计划。

关键点二：从小处入手

将 A 公司的年度经营计划转化为不同责任主体、不同岗位的具体工作目标，据此制订个人的年度、季度、月度、每周、每日的行动计划。

关键点三：用数据说话

通过预算分析，用数据说话，找出 A 公司战略落地过程中的各类问题和风险。

关键点四：纠正行为偏差

通过预算考核，激发管理者和员工的积极性，纠正员工行为偏差。

作用二：控制管理

有效的管理可以让企业的资源配置更加合理高效，全面预算可以夯实企业各项管理基础，提升企业管理水平，解决资源有限性和欲望无限性之间的矛盾。

以 B 公司为例。

↘ 示例 1-2 用全面预算解决员工干劲不足、成本费用超支

** 背景：

B 公司资源有限，成本费用超支，公司缺乏活力，员工缺乏创新意识和干劲，在这种情况下，B 公司引入了全面预算管理，不仅提升了公司的综合管理水平，还为公司增添了活力，有效控制了成本费用。

** 疑问：

B 公司是怎么做到的？

** 实操做法：

B 公司运用全面预算，通过对投资活动、经营活动和财务活动的预测和风险控制，实现了人、财、物等各项资源的最佳配置，为公司管理者、员工设立绩效目标，制订行动计划和奖惩措施，唤起员工心中沉睡的狮子，增强企业活力，向管理要效益，并按月跟踪管理仪表板，根据最新评估情况调整各项行动。

经过调整后，B 公司的问题得到了改观。

作用三：控制经营

经营风险无处不在，全面预算可以控制企业经营过程中的风险，提升经营效益。

还是以 B 公司为例。

↘ 示例 1-3　让预算发挥控制经营的作用

背景：

B 公司在做预算执行分析时，发现公司经营活动取得的实际结果和预算目标相比，差距比较大。

疑问：

B 公司需要做什么来控制经营风险？

实操做法：

在预算执行过程中，B 公司及时采用"三现"⊖原则，针对公司现场发生的实际问题和经营仪表板上显示的数据，挖掘经营问题背后深层次的原因，找出影响 B 公司收入、成本、费用、利润上升和下降的驱动因子，根据实际情况，及时调整行动方案，通过建立内部控制和风险管理机制，降低公司经营风险，提高经营效率和效能。

由以上三个示例可以看出，企业要想通过实施全面预算促进战略落地，提升管理水平，控制经营风险，在推动和实施全面预算管理实践时，就要明确要求企业 CEO 是全面预算管理的第一负责人。特殊情况下，企业 CEO 可

⊖ "三现"是指现场、现物和现状。对于管理现场发生的问题，要去现场，找到现物，了解现状，以此为依据进行判断，深入调查问题产生的原因，这样有利于管理者做出科学、合理和明智的决策。

以考虑授权财务负责人（CFO），或运营负责人（COO）牵头推动全面预算管理的实施工作，CEO需要亲自坐镇并给予大力支持，还需要明确各部门负责人在全面预算中承担的责任和义务。

因此，全面预算管理必须是一个全员参与的管理方式，成功与否取决于预算实施过程中参与人员的认同与协作。

6. 预算监控与分析：管理行为的起点还是终点

预算监控与分析没有起点，也没有终点，永远在路上。

预算落不到实处，很大一部分原因是因为预算监控没有从源头入手，预算分析没有深入业务流程造成的。比如，很多企业编制了预算，却没有按照预算目标监控经营活动的全过程，这样做会让预算流于形式，无法发挥预算的控制功能。再比如，很多企业虽然做了预算分析，但分析仅仅停留在预算目标与实际经营结果的简单比对上，并没有针对数据差异背后的原因进行深度挖掘，也没有向管理者及时发出预警信息，更没有制定精准的管理改进措施，没有建立有效的跟踪-检查-反馈-调整机制，这样做会降低预算权威性，使企业丧失竞争力。

因此，在全面预算实施过程中，从企业战略目标的制定开始，到年度经营计划的制订，到预算编制、审批和下达，到预算的执行分析，最后到预算的考核评价，预算的监控与分析涉及方方面面，它是保证全面预算管理落地实施最有效的一个环节。

企业可以通过管理会计经营分析工具，从业务、产品、组织、风险、投资、资金管理等多维度入手，全面分析造成企业收入、成本、利润、效率、风险上升或下降的价值动因。还要针对不同类型的预实对比偏差原因，制定有针对性的解决方案，并坚持"四个不放过"。

- 问题发生后,要坚持原因未查清不放过;
- 责任人员未处理不放过;
- 整改措施未落实不放过;
- 相关人员未受到教育不放过。

以我所供职的 T 集团为例,向大家介绍一下如何让预算的监控和分析变得更高效。

↘ 示例 1-4　三步走,让预算监控与分析变得高效

背景:

T 集团在管理会计部门的牵头下,在全公司推行以战略为导向的全面预算管理,希望通过预算的监控与分析,更好地保障 T 集团的战略目标顺利落地,保证公司的可持续健康发展。

疑问:

T 集团应该怎么做?

实操做法:

T 集团管理会计部门根据公司业务特点,从无到有创建了一个可视化的管理会计分析工具——"经营驾驶舱"(见图 1-10)。

T 集团的各级管理者和普通员工可以通过"经营驾驶舱"上显示的仪表盘和红绿灯的状态,轻松判断公司的业务扩张、盈利管理、风险控制、管理水平的状况,通过详细的经营分析,找出影响收入 – 成本 – 利润 – 现金 – 效率上升或下降的价值动因,制定有针对性的解决方案。

举例来说,反映公司盈利状况的指标有净资产收益率、毛利率、期间费用率和销售净利率。当 T 集团盈利能力仪表盘的指针指向黄色地带时,说明公司的盈利状况平平。

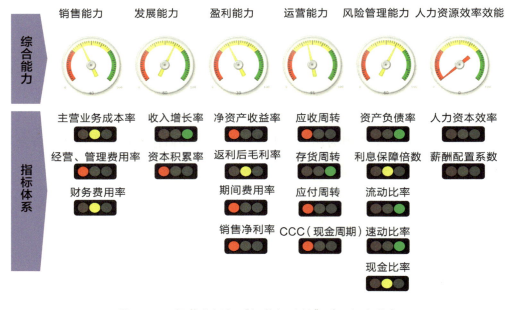

图1-10 经营分析与"经营驾驶舱"(©邹志英)

那么,造成T集团盈利不佳的深层次的原因是什么?又是什么原因导致T集团净资产收益率低,期间费用率高,销售净利率低呢?

要想回答上述问题,就需要进行以下深入的偏差分析。

- 第一步:从逻辑上罗列出影响盈利上升和下降的所有驱动因素,包括内部经营管理因素和外部环境因素;
- 第二步:针对找出的所有驱动因素,一一进行详细筛查,最后挖地三尺找出"凶手";
- 第三步:找出"凶手"后,需要针对性地制定解决方案。

解决方案中需要包括以下要素。

- 解决措施是什么;
- 行动方案是什么;

- 责任部门、责任人是谁，具体工作职责是什么；
- 配合部门、配合人是谁，具体工作职责是什么；
- 行动方案对应的流程是什么；
- ……

从 T 集团的预算监控与分析案例中我们可以看出，管理会计经营分析只有做到追根溯源，预算监控和分析才不会流于形式，才能让董事会、核心管理层、经营层、业务部门看到实施全面预算的重大意义和价值——提质增效，塑品牌，引领业务前行。

7. 预算调整：绝不调整还是适时调整

在实际操作中，企业普遍有以下两种不同的观点。

观点一：预算绝不调整

持这种观点的企业认为预算完全是刚性的，预算编制审批后全年不再进行调整。这样做的后果会使预算失去对日常经营的指导作用。

观点二：预算适时调整

持这种观点的企业认为在预算执行过程中，如果预算额度不够，那么企业可以随意追加预算。这样做的后果会让预算失去权威性和刚性，企业按追加后的预算进行考核，使考核失于公允。

在预算执行过程中，企业该不该对预算进行调整？如果调整，需要在什么条件下做调整呢？

全面预算是对未来做出的规划，由于人们的预测能力有限以及各种不确定性因素的存在，所以在预算执行过程中会经常出现战略调整、市场突变、人事调整等变化，使预算在不同程度上不再适应企业的实际发展情况。

企业在初次启动预算时,不可能面面俱到。因此,在预算执行过程中,需要对预算指标、考核控制方式和控制方法进行调整,如图1-11所示。

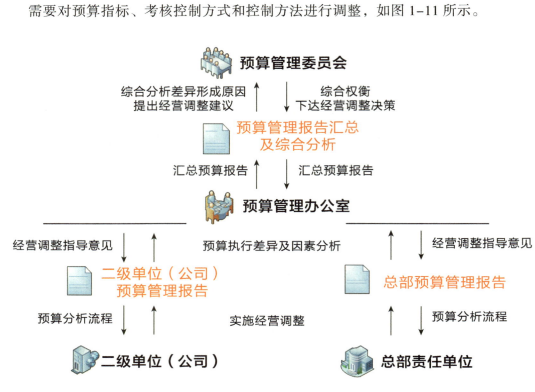

图1-11 预算分析流程

如果全面预算的指标或考核控制方式不符合企业的实际情况,预算可能会起相反作用。全面预算考核一旦出现不合理现象,问题就会在预算执行中暴露出来。预算管理委员会应当及时了解各部门对预算的意见和建议,根据预算的执行结果分析预算执行中存在的问题,及时对预算制度、预算考核指标、考核评估方式、激励奖惩机制进行修正和补充。这样随着运行中的磨合,预算的作用才会最大限度地发挥出来。

下面,以我所供职的企业为例,我们当时是这样制定预算调整的条件和频率的。

↘ 示例 1-5 预算调整的三大条件

D 集团是一家上市公司，董事会对全面预算非常重视。

D 集团预算调整的条件有三个：

（1）当外部环境发生重大变化时，企业需要调整预算

- 发生大的自然灾害，如台风、地震、洪水、火灾、流行性疾病等，导致办公室关闭或业务停滞；
- 主要原材料和产品市场平均产品价格发生重大变化，严重影响目标利润的完成；
- 国家相关税收政策、宏观调控政策等发生变化，导致企业增减业务范围或经营方式发生重大变化。

（2）当企业内部资源发生重大变化时，企业需要调整预算

- 企业组织或战略调整，比如，出于整体战略发展的需要，预算责任单元之间进行整合或撤销，导致预算主体发生变动；
- 企业管理模式发生重大变化。

（3）预算管理委员认为应该调整的其他事项。

↘ 示例 1-6 预算调整的频率是什么

仍然以 D 集团为例，讲述预算调整的频率问题。

预算是企业年度经营目标实现的手段，为保证其权威性，D 集团会确保一年中预算调整次数不超过两次，一般会在每年的 7 月和 10 月进行。

四、快速自测：你的预算经好念吗

各类企业可能存在的预算问题，如表 1-5 所示。

表 1-5 各类企业可能存在的预算问题

序号	问题	具体描述
1	计划赶不上变化	企业的战略规划和业务计划不具体、不明确，目标设定缺乏科学依据，主要依靠 CEO 个人判断来定，由此编制的预算缺乏权威性，变动较频繁
2	预算严重偏离预期	对实施全面预算管理的重要性认识不足，在预算编制前，涉及预算管理的基础性工作较差，缺少编制预算的依据和标准，企业缺少明确的目标设定指引，导致预算主体单位上报的预算数据同企业高层的预期偏差较大
3	预算制定无序进行	企业没有建立预算管理全面、系统的组织流程指南，在具体实施过程中，部门职责不清、分工混乱的现象严重，给预算落地带来一定难度
4	预算不能满足业务管理需求	在现有的预算管理系统中，涉及的业务模型不全面，不能满足业务的管理需求。比如，业务部门重视的品牌管理，在预算系统中无法找到匹配的品牌维度
5	预算调整不同步	预算管理的程序混乱，部门申请追加预算审批后，涉及预算调整时，企业的整体预算不能同步调整，造成总体预算不能完全落地
6	财务无法审核预算	由财务部门负责每月预算执行情况分析报告，由于缺少全面的预算标准，当业务部门提出费用支出立项申请时，财务部没有足够的预算标准作为依据，无法对其进行有效的预算审核
7	预算实施缺少信息化支撑	企业实施预算管理时，没有将预算实际执行情况同预算数据的对比分析纳入企业信息化管理系统范围内，预实对比的分析功能只能用传统的手工方法进行，增加了巨大的工作量
8	轻分析，少建议，本末倒置	由于企业各部门使用不同口径的数据，财务分析人员需要耗费大量时间和精力去收集和调整数据，而没有时间和精力去深度分析与挖掘存在偏差的原因，及时管控纠偏的措施和建议，保证预算的落地，提高工作效率
9	考核与预算结果分离	部门考核没有同预算执行结果相互关联，导致预算管理没有引起业务部门的足够重视，企业没有实现通过实施全面预算管理提升企业绩效管理的目的

你的企业还有哪些预算问题？请列在下面，也欢迎和我联系，进行更广泛的深度交流和探讨。（czou2008@126.com）

		1　　　2　　　3　　　4　　　5
		没有　　轻微　　中等　　大　　非常大

	此问题推行的难度	对企业的影响程度
	5　4　3　2　1	5　4　3　2　1
问题 1		
	此问题推行的难度	对企业的影响程度
	5　4　3　2　1	5　4　3　2　1
问题 2		
	此问题推行的难度	对企业的影响程度
	5　4　3　2　1	5　4　3　2　1
问题 3		
	此问题推行的难度	对企业的影响程度
	5　4　3　2　1	5　4　3　2　1
问题 4		
	此问题推行的难度	对企业的影响程度
	5　4　3　2　1	5　4　3　2　1
问题 5		
	此问题推行的难度	对企业的影响程度
	5　4　3　2　1	5　4　3　2　1
问题 6		
	此问题推行的难度	对企业的影响程度
	5　4　3　2　1	5　4　3　2　1
问题 7		
	此问题推行的难度	对企业的影响程度
	5　4　3　2　1	5　4　3　2　1
问题 8		

友情提示：如果你的企业在实施预算管理过程中存在上述问题，请继续阅读本书后面内容。

第 2 章
近距离认识全面预算管理

阅读本章前，建议先思考以下 5 个问题：

01 全面预算管理能为企业和个人解决哪些问题？

02 全面预算管理与财务预算相比，有哪些本质区别？

03 全面预算管理的内容是什么？

04 全面预算管理面向谁？由谁做？

05 全面预算管理的实施分哪些阶段？每个阶段应该做什么？

你有答案了吗？邀请你继续阅读

第 2 章 近距离认识全面预算管理

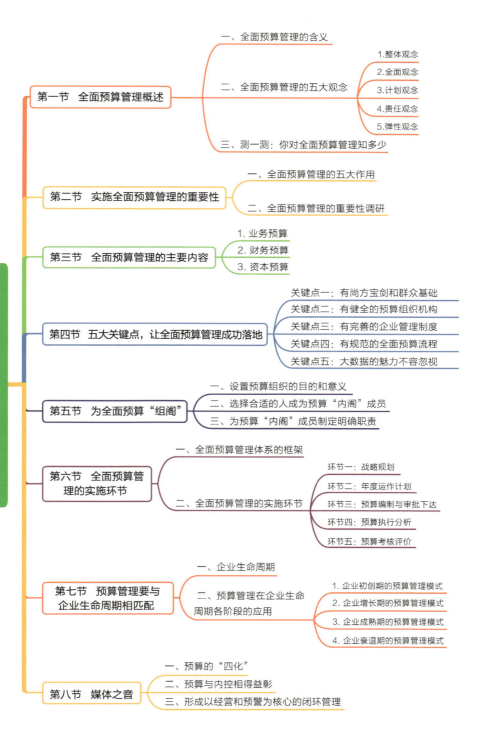

志英心得　要想全面预算管理发挥预期效果，企业需要在推行预算管理前，对其建立清晰的认识，包括全面预算的定义、作用、内容、组织、落地的关键点、实施环节等。

第一节　全面预算管理概述

一、全面预算管理的含义

全面预算管理可以从责任主体、实施环节和内容构成三个维度来理解，如表 2-1 所示。

表 2-1　全面预算管理的三个维度

全面预算管理		
全面预算管理作为一项科学的控制行为，将企业的决策目标及其资源配置以预算的方式加以量化，并使之得以实现。它是一种把所有部门、所有人员、所有环节都纳入预算管理体系的全过程、全方位的管理模式，也是一种企业实现物流、资金流、信息流要求的经营指标体系		
从三个维度维视全面预算管理		
维度一：责任主体	维度二：实施环节	维度三：内容构成
全面预算的编制、执行与调整涉及企业的所有单位及主要人员，包括企业所有的业务部门与职能部门	包括战略规划、年度运作计划、预算编制、执行与控制、预算分析、预算考核等环节构成的闭环系统	包括经营预算、财务预算和资本预算
体现的特征		
全员参与	全过程	全方位
核心要点		
全面预算管理的"核心"在于"全面"，体现为全员参与、全过程和全方位，任何环节出现问题都会影响整体效应		

二、全面预算管理的五大观念

全面预算管理的基本观念包括：整体观念、全面观念、计划观念、责任观念和弹性观念，如表2-2所示。

表 2-2 全面预算管理的五大观念

整体观念	全面观念	计划观念	责任观念	弹性观念
⬇	⬇	⬇	⬇	⬇
·预算编制以公司的发展战略目标和企业在各具体方面的基本策略为编制原则	·各部门在编制预算时以公司的经营目标为最终目标，以资金预算为编制的基础	·以各部门的各种计划为基础，包括各部门的工作计划、业务发展计划和专项计划等	·各部门在充分协商的基础上，编制预算并认可公司正式下发的整体预算，负责本部门的预算执行和控制	·全面预算管理和组织架构、部门职责、业务流程相互配合，实行分层授权负责制
·以调整以后的组织架构、明确的部门职责分工和权限划分以及完善的工作流程为基础	·各部门的预算必须与其他部门相互配合，明确相互之间的权责关系	·预算是工作计划的量化体现，同时也促进工作计划目标明确并且相互衔接	·财务部汇总各部门的预算，编制最后的预算报表，负责上报及下发整体预算和执行中的各种分析报告	·各层管理人员在授权范围内，对日常事务自主决策，根据市场形势的变化做出高效的应对

三、测一测：你对全面预算管理知多少

根据你对全面预算管理概念的理解，请对下面的问题做出判断，对的在问题后面的括号里打"√"，错的在问题后面的括号里打"×"。

1. 全面预算管理就是指一套涵盖所有会计科目的表格，最终得出企业明年的损益表、资产负债表和现金流量表的具体预测结果。（　　）
2. 预算就是要体现企业投资者与经营层的想法，从上往下地推进编制工作。（　　）
3. 预算编制工作只要在年初开始就行，预算编制工作一旦完成，就可以

用它来指导整个年度的工作。（　　）

4. 预算编制主要是财务部的工作，其他部门只需要了解和知晓，必要时给予财务部一定的协助就可以了。（　　）

5. 预算编制就是填一下预算表格，然后交给财务部汇总就可以了。（　　）

第二节　实施全面预算管理的重要性

一、全面预算管理的五大作用

全面预算管理有五大作用，如图 2-1 所示。

图 2-1　全面预算管理的五大作用

1. 规划功能

全面预算管理通过预测经济前景，分析企业内外部环境的优劣势，对企业未来的生产、销售、投资、筹资等活动做出统筹安排，并对确定的战略目标进行细化和量化，旨在全面实现企业战略目标。

2. 沟通功能

全面预算管理有助于加强企业上下级之间，总部与分/子公司之间，部门与部门之间的横向、纵向交流与沟通。可以增进相互之间的了解，加深公司、部门及员工对战略目标和经营目标的理解和认同，实现全员围绕公司核心目标而奔跑的状态。

3. 整合功能

全面预算管理可以组织、协调企业的生产经营活动，规范企业在战略规划、年度计划、预算编制、执行与控制、考评与激励过程中的责权利，帮助企业优化人财物等资源的最优配置。

4. 控制功能

全面预算管理可以发现企业日常管理中的漏洞和不足，强化企业内部控制，通过预算目标的下达，控制和约束预算责任主体的行为，对行为偏差进行及时调整，实现企业管理由"人治"向"法治"的转变，进而减少经营的风险，确保战略目标的顺利实现。

5. 激励功能

全面预算管理通过预算与绩效管理的有机结合，可以考评各个部门完成业绩的情况，通过预算指标推动责任业绩评价，使部门和员工的考核真正做到"有章可循,有法可依",最终实现企业整体业绩更上一层楼。

二、全面预算管理的重要性调研

经济学人智库(Economist Intelligence Unit)曾针对企业CFO关注的领域做过一份调研,结果显示:CFO关注的首要领域是与董事会的战略合作,其次就是全面预算管理,如图2-2所示。

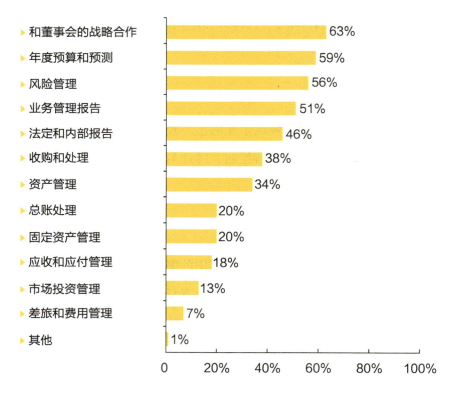

图2-2 全面预算管理的重要性调研

事实上，全面预算管理不仅应是 CFO 的优先关注领域，更应该是企业的各级管理者和全体员工优先关注的领域。

第三节 全面预算管理的主要内容

全面预算管理的内容由三部分组成：业务预算、财务预算和资本预算。每个组成部分的定义、关键内容以及涵盖范围如表 2-3 所示。

表 2-3 全面预算管理的主要内容

业务预算	财务预算	资本预算
定义		
业务预算是指与企业日常业务直接相关的具有实质性基本活动的预算	财务预算是反映企业预算期内预计财务状况和经营成果，以及现金收支等价值指标的各种预算的总称	针对企业中长期资本投资进行的预算
关键内容		
（1）预测企业各类统计口径的收入； （2）预测企业各类统计口径的资源消耗（费用、现金、人力需求等	（1）根据企业的经营与投资方案制定相应的融资方案； （2）根据企业经营战略调整资产负债比率，影响企业在金融市场的业绩	（1）预测企业资本投资方向； （2）预测各个项目的投资回报率； （3）评估各个项目的优先级
涵盖范围		
销售预算、生产预算、直接材料预算、直接人工预算、制造费用预算、期末产成品存货预算、销售及管理费用预算、产品成本预算等	资金预算、利润预算、现金流量表预算、资产负债表预算和所得税预算等	固定资产投资预算、无形资产投资预算、长期投资预算和融资预算等

第四节 五大关键点，让全面预算管理成功落地

企业在实施全面预算管理过程中会遇到五类风险：管理层不支持、预算组织无序、预算制度无章可循、预算管理流程混乱和决策风险，如图2-3所示。

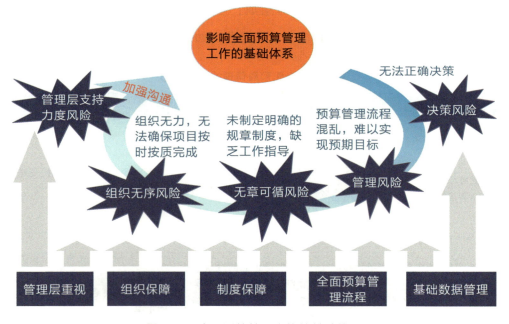

图2-3 全面预算管理实施的基础体系

为保证全面预算管理发挥预期效果，根据我多年的实操经验和体会，企业应从以下五个关键点着手，强化预算基础工作，落实预算保障措施，让全面预算落到实处。

关键点一：有尚方宝剑和群众基础

全面预算若想成功落地，必须以高级管理层支持和全员参与为前提。

企业高层领导的支持与参与，是保证全面预算管理有效运行的重要前提。

全面预算管理既涉及企业战略，又涉及日常管理，还涉及资金、运营、采购、生产、销售等各个部门。因此，全面预算管理是"一把手工程"，而不是财务部门的事情。

企业高层领导（董事会、总经理）应当高度重视并积极参与到全面预算管理方案的设计和实施中。他们应直接介入预算管理的规划、编制、授权、审批、分析、监控等具体环节，并引导全体员工积极支持全面预算管理，在企业中树立全面预算管理的文化和理念。

关键点二：有健全的预算组织结构

全面预算若想成功落地，必须以健全的预算组织体系为前提。

组织结构是企业战略实现的保证，也是全面预算管理体系的基础。健全的预算组织体系是实现企业战略目标的基础和保证，也是全面预算管理得以实现的载体。

企业要建立健全的、与全面预算管理相适应的组织体系，要成立全面预算管理委员会、全面预算管理执行机构、全面预算管理考评机构，合理设置预算组织的职能，合理划分预算责任中心，保证责任、权利和义务对等，将预算约束与预算激励对等运用到各预算责任中心。

关键点三：有完善的企业管理制度

全面预算若想成功落地，必须以完善的企业管理制度体系为前提。

完善的企业管理制度体系是顺利实施全面预算管理的重要基础。只有建立在科学、合理的制度基础上，全面预算管理工作才是有意义的。

在企业管理制度体系中，业务流程的有效运行决定着企业资源的运行效率和效果。因此，建立健全业务工作规范，完善业务管理程序，明确采购、生产、销售等环节的关键控制点，建立完善的管理制度，以适应全面预算管理的要求。

全面预算管理还要与企业绩效管理制度体系相结合，形成一个完整的企业业绩控制系统，这样才能够名副其实地扮演起战略监控的角色。因此，要制定考核制度，明确业绩管理的工作内容和方法，建立业绩考核的指标体系，制定切实可行的评价与激励机制。

关键点四：有规范的全面预算流程

全面预算若想成功落地，必须以规范运转的全面预算管理流程为前提。

规范运转的全面预算管理流程是顺利实施全面预算管理的重要支撑。

根据企业的自身特点，充分了解企业的生产经营过程，深入实际，实事求是，制定全面预算管理的流程和方法，并加强预算编制的可操作性。

要确立全面预算管理的权威性，要坚持预算审批程序，严格执行考核制度，确保预算管理的公平、公正、科学、合理。

关键点五：大数据的魅力不容忽视

全面预算若想成功落地，必须以真实、准确的成本核算等基础数据为前提。

完善的基础管理工作，可以保证成本核算等基础数据的"货真价实"，搭建全面预算管理运行的良好平台。基础数据是全面预算的原材料，基础数据不准确、不完善，整个预算就会成为"无源之水、无本之木"。因此，企业实施全面预算管理一定要从源头抓起，加强数据统计和成本核算工作。

第五节 为全面预算"组阁"

一、设置预算组织的目的和意义

预算组织是基于企业的组织结构而设计的,它是推进企业全面预算管理执行的基础组织,也是完成预算目标制定、预算编制和修订、预算考核及控制的主体机构。

预算组织的设立使得预算工作处于一个有机动态的管理系统当中,它是企业战略目标实现的基础和保证,也是全面预算管理得以实现的载体。

二、选择合适的人成为预算"内阁"成员

预算"内阁"由以下五部分组成:

1. 预算决策机构
2. 预算组织机构
3. 预算执行机构
4. 预算监控机构
5. 预算考评机构

三、为预算"内阁"成员制定明确职责

预算决策机构、预算组织机构、预算执行机构、预算监控机构和预算考评机构的主要职责和成员组成,如表2-4所示。

表 2-4 预算组织的主要

预算决策机构		预算组织机构
名称：董事会（常设机构）	名称：预算管理委员会（非常设机构）	名称：财务部门
性质：预算管理的最高决策机构	性质：在董事会授权下处理全面预算管理中的相关事宜，是预算的决策机构	性质：预算管理的运营组织，直接对预算管理委员会负责并报告工作
主要		
1. 提出年度预算管理的总目标与总方针 2. 审议审批集团公司的年度预算和决算 3. 审议审批预算调整案 4. 其他预算管理重大事宜决策	1. 根据董事会确定的年度经营总目标确定预算目标 2. 负责预算编制综合平衡和决策 3. 预算分解的月度经营计划和周资金计划的综合平衡和决策 4. 预算冲突的综合协调 5. 预算执行过程中超预算行为的审批控制 6. 预算调整决策和审核 7. 对财务部门反馈的预算执行情况汇总和分析报告进行审查 8. 预算考评意见的审核	1. 在预算委员会的领导下，负责综合、平衡、控制、调整各部门预算草案，并汇总各部门预算，对所有的调整事项做出书面说明，并报预算管理委员会，以确定公司的整体预算 2. 编制财务预算，即利润预算、资产负债表预算和资金预算 3. 编制本部门的费用预算 4. 汇总预算执行数据，进行差异分析，形成预算执行情况的相关数据和报告，向预算管理委员会和董事会反馈报告 5. 对超出预算的支出项目进行初步审核 6. 提出改进管理的措施和建议
成员		
执行董事、独立董事、非执行董事	由企业最高领导亲自挂帅，预算管理委员会成员可由各部门主要领导成员组成；负责财务、供、产、销、技术、劳动人事等部门的主要领导必须是预算管理委员会的成员，其中常务委员可由财务负责人担任，其他成员可依据工作需要适时增减调整	通常是财务部门牵头，其他部门协同配合

职责和成员组成

预算执行机构	预算监控机构	预算考评机构
名称：预算管理工作小组	名称：审计部门/财务部门	名称：人力资源部门/财务部门
性质：常设执行机构	性质：常设执行机构	性质：常设执行机构
职责		
1. 根据预算管理委员会下达的预算目标，将公司整体预算编制要求与本单位的实际情况相结合，具体制定本部门该年度的预算计划，并具体分解年度预算至季度预算和月度预算 2. 对预算依据、测算基础和计划控制措施进行详细说明 3. 在日常经营活动中执行综合平衡后的预算，促进生产经营完成预算任务，加强预算自律，严格控制预算外行为 4. 定期提供预算实际执行数据以及差异原因分析 5. 预算冲突上报 6. 其主要负责人参与企业预算委员会的工作，并对本部门预算执行结果承担责任	审计部门主要职责： 1. 对预算编制和组织情况进行监控，提出独立意见，向董事会汇报 2. 定期或不定期进行预算执行情况检查，包括常规和特定事项的审查 3. 对年度预算情况和专项预算等提供整体考评意见 财务部门主要职责： 1. 监督各预算责任中心预算的执行，对各预算责任单位预算的执行情况进行事中和事后的监督检查 2. 审查追加预算的合理性，并报预算管理委员会审批	根据财务部门提供的预算执行情况数据，组织实施考评工作
组成		
• 销售部门 • 运营部门 • 生产部门 • 供应链部门 • 人力资源部门 • 投资发展部门 • 行政部门（总裁办） • IT 部门 • 财务部门 • 审计部门 • 各集团子公司或分公司	• 财务部门 • 审计部门	• 人力资源部门 • 财务部门

第六节 全面预算管理的实施环节

一、全面预算管理体系的框架

全面预算管理体系的框架如图 2-4 所示，图中的模型展示了全面预算管理的战略规划（战略）、业务计划（业务）、预算编制（财务）与绩效管理（人力）之间的关联。

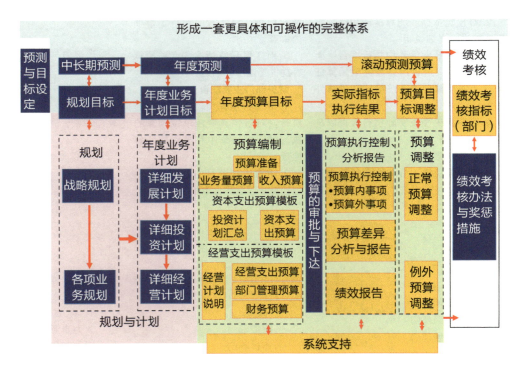

图 2-4 全面预算管理体系的框架

如果把企业比作一架飞机，战略、财务、业务和人力就像飞机上的四个发动机：当与战略的链条断开时，企业目标变得可望而不可即；当与业务的链条断开时，企业就失去了生存和发展的基础；当与财务的链条断开时，经营就会因为失去调控杠杆而暴露于风险中；当与业绩考核的链条断开时，一切行为的驱动力都不复存在了。

全面预算管理秉承的思想是"四位一体"，也就是将企业决策层的战略规划、企业经营部门的业务计划、企业财务部门的财务预算和企业人力资源部门的业绩评估结合为一体，从而整合成有效的企业核心管理模式。只有通过四者的高效互动，企业才能达成既定的战略目标。而在此过程中，预算起到了承前启后的重要作用。

因此，全面预算管理既是企业战略规划的细化与量化体现，是形成企业及部门关键绩效指标的主要来源，又是企业整个绩效管理的基础和依据。通过提高运作计划与预算的效率，建立科学且合理的绩效管理机制，才能使企业的生产、经营、管理活动充分体现企业战略规划的要求，提高企业核心竞争力。

二、全面预算管理的实施环节

环节一：战略规划

1. 战略规划的概念

战略规划是企业根据商业环境和内部能力制定企业发展战略和年度战略行动计划的过程，是企业在市场经济条件下，根据企业内外部环境及可获得资源的情况，为求得企业生存和长期稳定的发展，对企业发展目标、达成目标的途径和手段的总体谋划。它是企业经营思想的集中体现，是一系列战略决策的结果，同时又是制定企业年度规划和日常计划的基础。

2. 战略规划的目的

战略规划的目的是决定企业在哪里竞争以及如何竞争。

只有切合实际的战略规划才能更好地展望企业未来，激发员工积极性、创造性和主动性，提高企业成功概率。战略决定企业的生存和发展。

3. 战略规划的内容和结构

不同的企业因所处的行业不同、产品和服务不同、技术不同和占有资源不同，所要制定的战略规划内容也不尽相同，如图2-5所示，作为一个完整的战略规划必须是可执行的，它应包括两项基本内容：企业发展方向和企业源配置策略。

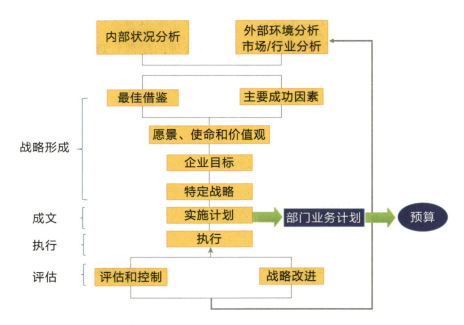

图2-5　战略规划的内容和结构

下面，以某世界500强企业的战略规划模板为例，看一看战略规划应该包括哪些内容。

示例　M 集团的战略规划内容模板

M 集团是全球著名的制药及化工企业。每年 9 月份，M 集团都会制定公司未来 5 年的战略规划，其内容如下。

一、公司现状与发展环境分析

（一）基本情况

（二）发展环境分析

1. 宏观环境分析

2. 主业所在领域的国内外现状和发展趋势分析

3. 主导产品（服务）国内外市场分析

（三）竞争力分析

二、发展战略与指导思想

（一）战略定位与战略描述

（二）发展指导思想

三、发展规划目标

（一）远景规划目标

（二）5 年规划目标

（三）年度发展规划目标及年度目标分解

1. 总体目标

2. 主业结构目标

3. 主要经济指标

4. 产权结构目标

5. 企业组织结构目标

6. 安全生产目标

7. 企业技术进步目标

8. 人力资源目标

9. 投资风险控制目标

四、战略规划调整重点与实施计划

（一）发展重点

（二）实施计划

1. 体制、机制创新计划

2. 组织结构调整和资源优化计划

3. 产业和产品结构调整计划

4. 投融资计划

5. 自主创新与科研开发计划

6. 国际经营计划

7. 企业文化建设及其他计划

五、规划实施的保障措施

4. 战略规划与预算的关系

预算管理是根据企业战略发展的需要，通过数量化的方式对企业未来经营活动及相关财务活动进行规划、控制的管理过程。任何组织都有其特定环境的战略，而战略的落实需要各种管理控制体系做保障，预算管理与战略管理是一体化的整合系统，即战略是先导，战略决定企业中长期经营规划与年度经营计划，而预算是企业年度经营计划的财务表达及控制，如图2-6所示。

因此，战略是预算控制的前提，预算是战略实施的手段。预算管理的战略性主要体现在：预算目标是企业战略目标的体现，预算控制重点体现战略导向,预算管理的战略性体现在它描述了企业战略与经营活动的关系,使企业的战略意图通过预算得以具体贯彻,长短期计划得以衔接。

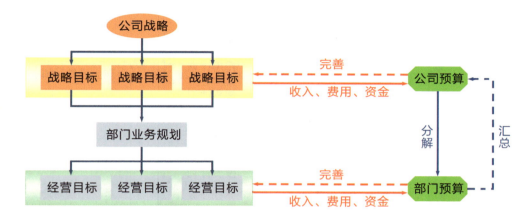

图 2-6 战略规划与预算的关系

环节二:年度运作计划

1. 年度运作计划的概念及目的

年度运作计划是企业将战略规划和战略目标转化为可操作的执行计划和经营目标,它是对战略目标的分解和转化,保证业务行为与战略目标能够吻合,它是企业在本年度内的运营指南。

年度运作计划的目的是实现战略目标,最终实现企业长远发展。

2. 年度运作计划与战略规划、预算的关系

年度运作计划是战略规划和预算的桥梁,年度运作计划是围绕已确定的战略目标编制的,是对战略规划的行动实施,是对企业三年战略规划中第一年目标的分解落实。预算是年度运作计划的核心,收益最大化、效率最大化是其精髓,如图 2-7 所示。

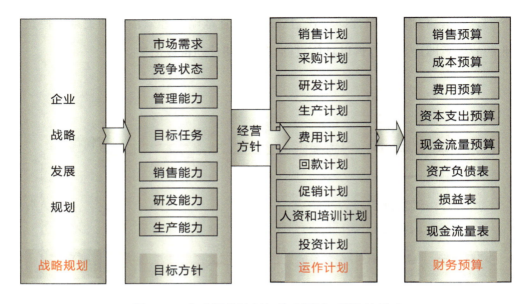

图 2-7　年度运作计划与战略规划、预算的关系

3. 年度运作计划的内容

年度运作计划的内容包括以下五点。

（1）年度经营方针和目标；

（2）主要经营管理业绩指标及计划；

（3）为达到目标的实施举措；

（4）影响经营计划完成的主要风险及对策；

（5）详细的经营管理工作计划与时间表。

4. 战略规划、年度运作计划和部门年度计划的编制要点

企业战略规划、年度运作计划和部门年度计划的编制要点如表 2-5 所示。

表 2-5　战略规划、年度运作计划和部门年度计划的编制要点

	战略规划		年度运作计划		部门年度计划
计划目标	完成长期目标	⇨	完成年度目标	⇨	完成部门年度目标
计划内容	（1）成功关键因素/战略优势 （2）相关活动群 （3）关键岗位职责 （4）预算	⇨	（1）相关活动群 （2）关键策略或者重大活动 （3）关键岗位职责 （4）预算	⇨	（1）具体活动 （2）具体工作 （3）岗位职责 （4）预算
责任主体	企业 业务部门 职能部门	⇨	企业 业务部门 职能部门	⇨	业务部门 职能部门
第一责任人	企业负责人	⇨	企业负责人	⇨	部门负责人
参与者	公司负责人 部门负责人 相关活动群负责人 内外有关专家	⇨	相关活动群负责人 基层管理者 内外有关专家	⇨	相关活动群负责人 基层执行人员

环节三：预算编制与审批下达

1. 预算编制的目的

预算编制的目的是转化财务目标，配置投入资源，平衡财务结果，协调各方差距。

2. 预算编制的依据

预算编制的依据可参考以下要点：

（1）国家有关法律、法规、财税政策和有关规定；

（2）企业的发展战略和目标；

（3）董事会或预算管理委员会确定的预算编制原则、总体要求和年度经营目标；

（4）上年度经济技术指标完成情况和历史统计资料；

（5）企业各种经济技术指标定额和对标管理资料；

（6）各责任中心制订的下一年度的工作计划报告书、投资计划报告书；

（7）市场预测的有关资料；

（8）其他与预算编制有关的因素。

3. 预算编制的原则

预算编制以企业的发展战略目标和企业在各具体方面的基本策略为编制原则，以良好的组织架构、明确的职责分工和权限划分以及完善的工作流程为基础。

编制预算可以遵循五个原则：应用性原则、市场性原则、体制性原则、量入为出原则和权责明晰原则。每个原则的定义和要点提炼如表 2-6 所示。

4. 预算编制的方法

预算编制的方法主要有：固定预算、弹性预算、增量预算、零基预算和滚动预算。每种编制方法的定义、优点、缺点、适用范围、应用说明、准确程度以及编制时间如表 2-7 所示。

5. 预算编制的方式

预算编制方式有三种：自上而下、自下而上和上下结合，它们分别适用不同的企业环境和管理风格，有着各自的优缺点和适用环境，如表 2-8 所示。

第 2 章 近距离认识全面预算管理

表 2-6 预算编制的原则

应用性原则	市场性原则	体制性原则	量入为出原则	权责明晰原则
\[定义\]				
在编制预算时要考虑其应用性，不能搞其花架子，应该注意要预算选择关键因素而不是所有的项目都进行同样周密的控制	预算控制必须适合特定企业、部门、岗位和成本项目的实际情况，合乎企业所在市场环境的要求，不可以完全照搬别人的做法。像邯钢管理模式在很多地区无法推广就是因为离开了邯钢这一特定的人文环境、物质环境，其效果难以体现。适合特定企业的特点是指大型企业和小型企业、老企业和新兴的企业、发展快和相对稳定的企业，这个行业和那个行业的企业，以及同一企业不同发展阶段，管理重点、组织结构、管理风格、成本控制方法和奖励形式，其都应有所区别	在预算的编制过程中要建立一个有效的体制，使得各方的意见都能体现在企业财务预算中，不要使预算仅仅成为一个上层活动，应该让每个员工都具有合作精神，理解预算是一个集体的努力过程，不是某个人、某个部门的活动。一些基层工作人员参与可以使预算更加符合现实，培养和满足员工的主人翁意识；使各个单位、各个员工最终对于办什么事、花什么钱，办什么公程度，谁负责、谁考核，达到什么效果，做到心中有数	在企业财务预算管理过程中，特别是对资本性支出项目的预算管理，要坚持有多少钱办多少事的原则。这里的"人"，考虑到负责企业财务管理的重大意义，一方面要从过去盲目资金的狭义范畴拓宽到考虑企业的偿债能力，另一方面又要考虑有资金来源或债务风险过大的预算，杜绝没有资金来源或债务风险过大的预算	现代预算管理要强调责、权、利相协调，使企业所有者、经营者、各部门及每个员工都能明确自己的权限空间，细化落实预算，从而科学地执行预算，并可靠地带来最终效益的提高。预算编制完成后，需要通过事后的监控和考核，来检验预算的有效性和实用性
\[要点提炼\]				
在推行预算管理过程中发生的成本不能大于因缺少控制而丧失的收益	因地制宜	建立有效机制，使得预算责任到人	要考虑企业的偿债能力，杜绝没有资金来源或债务风险过大的预算	通过预算监控和考核，检验预算的有效性和实用性

表 2-7 全面预算

预算方法	定义	优点
固定预算	又称静态预算，是编制预算最基本的方法。它是以预算期内某一固定业务活动水平为基础，来确定相应预算指标的预算编制方法。其特点是预算的业务量并不随实际业务量的变化而进行相应的调整	简便易行，应用广泛
弹性预算	又称变动预算，是在固定预算方法的基础上发展起来的一种预算编制方法。它可以反映企业在不同业务量水平下所应发生的费用或收入水平，使预算指标与实际发生数额尽可能保持一致，使两者建立在可比的基础上，从而能够更好发挥预算规划、控制和客观评价企业经营活动的作用	由于它按多种业务量水平编制预算，为实际结果预算的比较提供了一个动态的基础，所以任何实际务量都可以找到相同或相近的控制依据和评价标准可以直接作为事中控制的依据和事后评价的标准用，从而使预算能够更好履行其在控制依据和评价准两方面的职能
增量预算	又称调整预算，是在基期成本费用水平的基础上，充分考虑预算期内各种因素的变动，结合预算期业务量水平及有关降低成本的措施，通过调整有关原有成本费用项目而编制预算的方法。此法的显著特点是：从基期实际水平出发，对预算期的业务活动预测一个变动量，然后按比例测算收入和支出指标	1. 编制方法简便，容易操作，便于理解 2. 由于考虑了上年度预算实际执行情况，所编制的收支预算容易得到公司各层级的理解和认同
零基预算	又称"以零为基础编制预算的方法"，是指在编制预算时，不受过去业务收支实际情况的约束，不以现有预算、上期实际发生项目及发生额为基础，将所有还在进行的业务活动都看作是新的业务活动，即所有收支均以"零"为出发点，在综合平衡的基础上编制当期预算	能够合理配置企业资源，确保重点、兼顾一般。于零基预算法采用了典型的先"自下而上"，后"上而下"，再"上下结合"式预算编制程序，充分现了群策群力和从严从细的精神，有着坚实的员工础，便于预算的贯彻实施。而且，这种方法打破了条框框的束缚，使预算指标不受现行实际情况的制约既有利于发挥各部门人员的主动性和积极性，又能进各部门精打细算、合理使用资金，将有限的资源用到最需要的地方，并通过成本效益分析，切实提投入产出水平，提高全部资源的使用效率
滚动预算	是指随着时间的推移和预算的执行，其预算时间不断延伸，预算内容不断补充，整个预算处于永续滚动状态的一种预算方法	1. 能够从动态、发展的角度把握企业近期经营目和远期战略布局，使预算具有较高的透明度，有利企业管理决策人员以长远的眼光去统筹企业的各项营活动，将企业的长期预算与短期预算很好地联系衔接起来 2. 遵循了企业生产经营活动的变动规律，在时间不受会计年度的限制，能够根据前期预算的执行情及时调整和修订近期预算 3. 能使企业各级管理人员对未来永远保持着 12 个的工作时间概念，有利于稳定而有序地开展经营活动

编制的主要方法

缺点	适用范围	应用说明	准确程度	编制时间
当实际业务量偏离预算编制所依据的业务量时，采用此法编制的预算既失去了其编制的基础，也失去了其作为控制和评价标准的意义	1. 经营活动比较稳定的企业 2. 企业经营管理中某些相对固定的成本费用支出 3. 社会非营利性组织	固定成本费用的划分	相对较准确	相对较短
相对于固定预算方法而言，此方法的预算编制工作量较大	1. 经营活动变动比较大的企业 2. 企业经营活动中某些变动成本费用的支出 3. 企业利润预算的编制	变动成本费用的划分；对于某些选择性固定成本费用预算，也可考虑用这种方法编制	相对较准确	相对较短
1. 易使预算中某些不合理因素得以长期沿袭 2. 使预算部门养成"等、靠、要"的惰性思维，滋长预算分配中的平均主义和简单化，不利于调动各部门增收节支的积极性，不利于企业的长远发展	1. 经济活动变动比较大的企业 2. 企业经营管理活动中与收入成正比的变动成本费用支出	合理使用增量法，可以减少预算编制的工作量，但应详细说明增减变动原因	相对较准确	相对较短
由于这种预算方法要求一切支出以零为起点，需要进行历史资料、现有情况和投入产出分析，因此，编制预算的工作相当繁重，需要花费大量的人力、物力和时间，预算成本较高，编制预算的时间也较长。同时，在安排预算项目的先后顺序上也难免存在相当程度的主观性	1. 管理基础比较好的企业 2. 政府机关、行政事业单位，以及企业职能管理部门编制费用预算	使用周期不宜过短，可以减少预算编制的工作量	更准确	相对较长
由于预算的自动延伸工作比较耗时，会加大预算管理的工作量，企业一般需要配备数量较多的专职预算人员负责预算的编制、调控与考核，这就会导致预算管理直接成本的增加	1. 管理基础比较好的企业 2. 生产经营活动与市场紧密接轨的企业 3. 产品销售预算及生产预算的编制 4. 规模较大、时间较长的工程类项目预算	通常按季度滚动，每季度第三个月中旬着手滚动预算工作	更准确	相对较长

表2-8 预算编制的方式

	自上而下	自下而上	上下结合
做法	预算由公司总部按照战略管理需要,结合企业所处行业的市场环境而提出,各分部或子公司只是预算执行主体,一切权力在总部	公司总部主要起管理中心的作用,在这种方式下,比较注重各子(分)公司预算管理的主动性,总部只对预算负有最终审批权,并将预算管理作为各子(分)公司落实其经营责任的管理手段,一般做法是:总部的管理责任是确定财务目标,子(分)公司的管理责任是如何实现这一目标。因此,子(分)公司编制并上报的预算在总部只是对总部财务目标实现的一种承诺。总部对这一承诺,只是对子(分)公司上报预算审批子(分)公司的承诺可靠性进行核实	上下结合式采纳了两式之长,在预算编制过程中,经历了自上而下和自下而上的往复。采用这一方式的关键点,并不在于其上与下的偏重,而是上与下如何结合,对接点如何确定的问题。总部的任务是将预算目标自上而下下达,以充分发挥基层的主观能动性,尽可能提高预算编制的效率;各预算责任主体作为编制的具体执行者则应自下而上地体现目标的具体落实的各级责任主体通过编制预算需要明确"应该完成什么,应该完成多少"的问题。总部还要根据各级责任部门编制的预算各部门进行平衡、审核,确定总部预算目标按各部门分解后各责任单位的资源、状况与企业预算编制过程相匹配的过程,是企业预算目标按部门、业务、人员分解的过程
预算管理主体	总部董事会或预算管理委员会	子公司董事会及下属投资管理委员会	总部董事会或预算管理委员会
总部预算重点	全面规划型:全面综合预算	结果控制型:资本竞价与资本预算	财务规划+重点业务控制型:资本预算+重点业务预算

总部、子（分）公司在预算中的作用

角色	主要职责	具体内容	目标规划	优点
总部	1. 编制并下达预算 2. 监督预算执行 3. 考核管理效果	1. 明确预算目标并进行集中认定，审核分部预算 2. 进行结果考核	围绕总部制定的财务目标来规划如何实现目标	1. 明确预算目标 2. 确定经营优先领域及重点业务 3. 协调并审批分部预算 4. 保持对预算执行的日常监控 5. 强化预算结果考核
子（分）公司	预算执行	1. 提高子（分）公司的主动性，体现分权主义和人本管理 2. 将子（分）公司置于市场前沿，提高子公司独立作战的能力 3. 提高预算的准确度，使差异分析更具相关性	围绕总部制定的财务目标来规划如何实现目标	1. 能够有效保证企业总目标的实现 2. 按照统一、明确的"游戏规则"分解目标，体现了公平、公正的原则，避免挫伤"先进"，保护"后进" 3. 经过了总体平衡的阶段，既充分考虑了各预算责任主体的实际情况，又兼顾了全局利益，避免了预算编制过程中的讨价还价，宽打窄用，提高了预算编制效率

(续)

	自上而下	自下而上	上下结合
缺点	1. 缺乏激励：将权力高度集中在总部，不能发挥各子（分）公司自身管理的主动性和创造性，不利于"人本管理"，不利于企业的未来发展 2. 不够精确	1. 可能引发管理失控（它只强调结果控制而忽略过程控制，一旦结果成功事实，没有弥补过失资源的余地） 2. 子（分）公司从自己的利益出发，可能会宽打窄用，导致资源浪费，如为争夺总部的资本资源而多报或少报预算 3. 不利于子（分）公司的经理人员为保持子（分）公司的长期经营权，会采用"挤牙膏"式的利润预算方式，从而保持利润逐年增长基础上"适当"增长，从而保持利润逐年增长幅度不大。在这种方式下，总部对子（分）公司预算的审批非常关键 [针对子（分）公司经理人员可能存在的"偷懒"行为]	比较耗费时间
适用企业	自上而下式一般只适用于单一产品生产和经营的企业	自上而下式一般适用于资本型的控股集团（即财务控制型的母子管理关系）	适用于大部分企业，依企业实际情况而定

6. 预算编制的程序

预算编制的程序如图 2-8 所示，共分五大步骤。

图 2-8　预算编制的程序

（1）下达目标

企业董事会或预算决策管理委员会根据企业发展战略和经济形势，提出总的预算目标，主要有销售目标、成本目标、利润目标和现金流量目标。

（2）编制上报

各二级预算单位按照预算决策管理委员会下达的预算目标和政策，结合自身特点以及预测的执行条件，提出详细的本单位财务预算方案。

（3）汇总审核

预算管理部门对各二级预算单位上报的预算方案进行审查、汇总，提出综合平衡建议。在审查、平衡过程中，预算决策管理委员会应当进行充分协调，对发现的问题提出初步调整意见，并反馈给有关二级预算单位加以修正。

（4）审议批准

预算管理部门在有关二级预算单位修正调整的基础上，编制出总预算方案，报预算决策管理委员会讨论。对于不符合企业发展战略或预算目标的事项，预算决策管理委员会应当责成有关预算单位进一步修订调整。在讨论、调整的基础上，预算管理部门正式编制企业年度预算草案，提交预算决策管理委员会审核，由预算决策委员会提交董事会审议批准。

（5）下达执行

预算决策管理委员会对董事会审议批准的年度总预算，逐级下达各二级预算单位执行。

针对实际问题，有些要经过反复磋商方能统一意见，只有这样才能实现对企业资源的优化配置。

环节四：预算执行分析

1. 预算执行分析的概念

预算执行分析是指企业定期对预算执行情况进行分析、评估、监督和控制，对当期实际发生数与预算数之间存在的差异，不论是有利的还是不利的，都要认真分析其成因，并制定管理改进措施，及时解决出现的问题。预算执行分析的重点是预算执行过程中的监控，即通过分析出现差异的原因，找到管理中的强项和弱项，总结经验与教训，采取相应的措施，加强管理。

2. 预算监控的目的

预算监控的目的是保证全面预算管理的有效执行和充分落地。预算监控是全面预算管理执行分析的核心内容，预算监控的有效与否最终决定着全面预算管理作用的发挥和效果。

预算监控的目的有以下五点：

(1)跟踪目标完成和资源使用情况；

(2)掌握内外变化和报告差距分析；

(3)寻找产生差距的原因；

(4)落实责任归属；

(5)制定改进措施。

3. 预算监控的内容

预算执行过程中的监控主要包括业务流和资金流两大方面，如表 2-9 所示。

表 2-9 预算监控的内容

	预算对业务流的监控		预算对资金流的监控
新线投资	新线投资信息反馈、差异分析以及适度授权；建立合同台账	审批权限	预算执行审批权限具体化、制度化
一般投资	投资信息反馈、差异分析以及预警制度；合理授权	支出原则	经济、有效、产出最大化
融资业务	信息反馈、差异分析、预警；最优的资本结构；资金占用成本最低	授权控制	不经合法授权，不能行权，"权责利"对等；不经授权，不能执行业务
日常经营	信息反馈、差异分析、预警；合理信用政策	内部结算中心	确定最低资金余额；控制日常资金流量；银行存款平均占用定额的执行；日常资金运用考核
成本控制	信息反馈、差异分析、预警；有效作业；合理采购管理政策；决策透明；合理授权；借助内审	资金监控卡	对资金收付的原因、对象、数额、过程、授权等进行实时监控
重点费用	信息反馈、分析、预警；重点费用开支标准、范围及管理程序；建立费用台账；合理授权	效益分析	设立信息反馈、分析、预警制度

4. 预算监控的层级

预算监控有四个层级，如图 2-9 所示。

一级监控	预算执行机构自控，由各责任中心的负责人和各单位/部门的负责人负责具体业务的预算标准执行督促和控制
二级监控	财务部门审核监控，由各级财务部门预算管理岗依据预算标准对预算执行部门的各种经济行为实施事中审核，确保预算执行机构在预算标准框架下运营
三级监控	高层审批监控，由预算委员会对各预算执行机构的预算外行为进行审批控制
四级监控	内部审计部门独立监控，通过不定期抽查、流程穿行测试等方式对预算执行控制情况和预算体系的制度有效性实施监控

图 2-9　预算监控的层级

5. 预算差异分析与反馈控制

为了能够适时地掌握和控制整个企业预算执行的情况和各预算执行主体预算的履行情况，就需要建立高效的信息反馈系统，以使企业各级领导能随时了解预算执行的进展情况，并根据反馈信息做出相应的管理决策，保证预算目标的完成。因此，需要在企业内部建立预算差异分析与反馈控制体系。

预算差异分析可以加强预算执行情况的业务层面分析，通过差异分析落实责任，成为采取相应控制措施、调整经营计划和业绩考核的依据。

预算差异分析的程序如图 2-10 所示。

企业预算部门要定期召开预算执行分析会议，通过预算执行情况，研究并解决预算执行中存在的问题，提出改进措施，并落实责任。

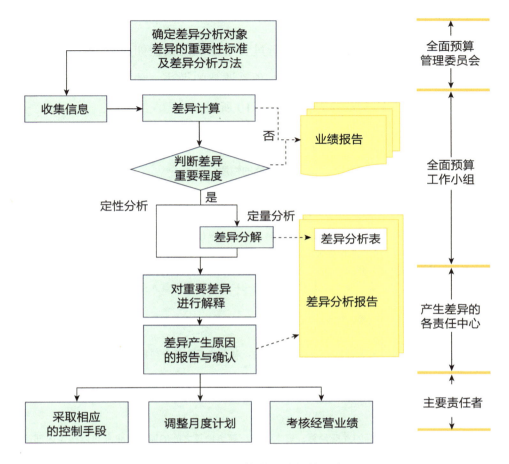

图 2-10 预算差异分析的程序

企业预算部门和各执行单位应当充分收集有关财务、业务、市场、技术、政策、法律等方面的信息资料，根据不同情况分别采用比率分析、比较分析、因素分析等方法，从定量与定性两个层面充分反映预算执行单位的现状、发展趋势及其存在的潜力，对于预算执行差异，应当客观分析产生的原因，提出解决措施或建议，提交企业决策机构研究决定。

6. 预算调整控制

预算的调整控制就是指预算执行过程中发现的偏差如何进行纠正。预算调整的性质、预算调整的基本条件、预算调整的做法、预算调整的原则、预算调整的权限和预算调整的周期如表 2-10 所示。

表 2-10　预算调整的要点

预算调整的性质
刚性但不僵化；灵活而不失控
预算调整的基本条件
下达的预算一般不予以调整；如果非要调整，必须满足以下的基本条件，而且必须经过严格的审批程序，有充足的文件说明做文档支持 1. 产业形势发生重大变化 2. 国家相关政策发生重大变化，比如：国家相关税收政策发生重大变化；国家的行业政策发生重大变动 3. 公司组织、战略的调整，比如：出于整体战略发展的需要，部门或子公司之间进行整合，业务范围进行调整等 4. 预算委员会认为应该调整的其他事项。比如：各种突发事件，包括自然灾害、公司核心决策层的追加任务等
预算调整的做法
预算内调整 1. 对于不影响预算目标的业务预算、资本预算、筹资预算之间的调整，企业可以按照内部授权批准制度执行 2. 鼓励预算执行单位及时采取有效的经营管理对策，保证预算目标的实现 预算外调整 1. 由预算执行单位逐级向企业预算管理委员会提出书面报告，阐述预算执行的具体情况、客观因素变化情况及其对预算执行造成的影响程度，提出预算的调整幅度 2. 财务管理部门对预算执行单位的预算调整报告进行审核分析，集中编制企业年度预算调整方案，提交预算管理委员会、企业董事会或总经理办公室审议批准，然后下达执行
预算调整的原则
1. 不能偏离企业发展战略和年度预算目标 2. 调整方案应当在经济上能够实现最优化 3. 调整重点应当放在预算执行中出现的重要的、非正常的和不符合常规的关键性差异方面

（续）

预算调整的权限
1. 预算调整申请：预算管理委员会在上述预算调整的条件发生时，可以提出预算调整的申请；下属单位也可提出预算调整申请，但须经财务部签署调整分析意见 2. 预算调整的审议：预算调整申请后，应经由一定的审议，并提出审议意见。由预算管理委员会进行审议 3. 预算调整的批准：由预算管理委员会提交企业董事会批准
预算调整的周期
1. 预算常规调整周期为半年度。当企业做半年度预算总结时，可以根据对当年实际经营状况的分析判断，由总经理办公会牵头，对下半年预算进行系统化调整，组织全面的预算调整工作 2. 非常规调整是由非常规事件引发的。当原预算方案将严重偏离实际经营时，企业总经理办公会需要收集各方信息进行详细论证，并提出书面调整报告，报经董事会审批

环节五：预算考核评价

1. 预算考核评价的概念

预算考核评价是预算管理的生命线，通过科学合理的考核、赏罚分明的奖惩，确保预算管理落到实处。预算管理委员会或业绩管理委员会在预算执行结果评估的基础上，对预算完成情况、预算编制的准确性与及时性进行考核，肯定成绩，找出问题，制定和实施科学合理的奖惩制度。

2. 预算考核评价的目的

预算考核评价的目的是促进企业盈利能力的提高及综合实力的增强，通过完善预算考核评价机制，实现预算考核的科学量化，并将预算考核结果纳入企业绩效考核管理系统，与员工劳动报酬挂钩，充分调动员工的积极性，推动企业实现战略目标。

3. 预算考核评价与预算的关系

预算考核评价与预算管理这两项工作间存在着以下两方面联系。

（1）预算为绩效考核提供了可衡量的基础

预算目标值可以成为企业与部门绩效考核指标的比较标杆。预算管理在为绩效考核提供参照值的同时，管理者也可以在预算实际执行过程中不断修正、优化绩效考核体系，确保考核结果更加符合实际，真正发挥评价与激励的指导作用，缺乏相应绩效考核的预算会造成实际的经营结果与战略目标相脱钩。

（2）预算管理工作的绩效同时又是企业绩效考核的关注重点之一

全面预算管理连接着企业战略、年度运作计划、运营与财务管理控制、管理评估等多个重要管理范畴，是企业层面管理子系统的一个非常重要的组成部分。因此，对预算管理工作的绩效考核，也是构成企业"内部管理"工作考核的一部分。

4. 预算考核评价的作用

预算考核评价有五大作用，如图2-11所示。

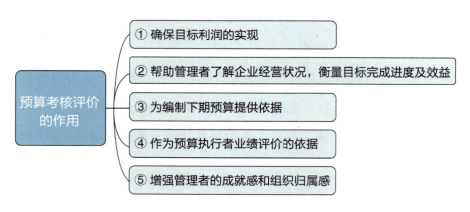

图2-11　预算考核评价的作用

5. 预算考核评价的内容

预算考核评价的内容有三部分，如图 2-12 所示。

图 2-12　预算考核评价的内容

6. 预算考核评价的关键点

预算考核评价的关键点有五个方面，如图 2-13 所示。

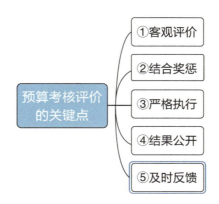

图 2-13　预算考核评价的关键点

（1）客观评价

企业需要建立客观、公正的预算考核指标和评价标准，这是确立和推行全面预算管理的前提。

（2）结合奖惩

企业推行全面预算，必须将企业整体的预算目标与每个部门、每一名员工的利益进行关联，根据预算考评的结果，团队或个人工作结果完成的好坏、快慢进行奖罚，做到有赏有罚，有升有降。这样既能够体现企业、部门对每名员工的关心与回报，又能加强员工对企业和部门的认同感和归属感。

通常情况下，激励机制包含现金奖励和非现金奖励两大部分。非现金奖励是指对员工精神上的奖励，比如：颁发最佳总经理奖、年度杰出员工称号和优秀成果奖等；现金奖励可分为直接现金奖励和间接现金奖励。

（3）严格执行

预算考核评价必须坚持严格原则，做到"有法可依、有法必依、执法必严、违法必究"，具体来说：

- 企业管理层要建立明确的考核标准；
- 企业员工要有严肃认真的考核态度；
- 企业人力资源部门要建立严格的考核制度，科学、合理的考核程序及方法。

只有这样，企业的预算考核才不会流于形式。如果预算考评不严格，不仅会让全面预算推行中途而废，还会产生消极后果。

（4）结果公开

涉及员工个人的考评结果应对本人公开，这样做的好处既可以使员工了解自己的优劣势，知晓需要改善提高的空间和需要巩固保持的优势，从而激励员工一路向上，同时又可以避免考核者的主观臆断和偏见，有利于建立积极向上的学习型组织文化，保证预算考核的公平与合理。

（5）及时反馈

跟员工个人相关的考评结果务必要及时以书面和口头的方式反馈给员工本人，心平气和地做好绩效沟通和交流，否则起不到考评的教育作用。在绩效沟通过程中，管理者要依考核评价结果向员工进行说明解释，肯定成绩和进步，说明不足之处，并提供今后努力的方向和具体的改进建议等。

7. 预算考核评价机构的职责

预算考核评价机构包括：财务部门、总经理办公会和人力资源部门。它们在预算考核评价中承担着不同的职责，如表 2-11 所示。

表 2-11 预算考核评价机构的职责

财务部门	总经理办公会	人力资源部门
提供预算执行情况表，组织进行预算差异分析，找出原因，落实责任归属，提出对全面预算执行的相关责任部门的考核意见，报总经理办公会审批	（1）审议与全面预算执行情况相关的考核及奖惩办法 （2）审批财务部门上报的全面预算差异分析报告，审议对相关责任部门的考核意见	（1）将全面预算管理体系的考核内容纳入绩效考核内容 （2）根据总经理办公会对全面预算管理的考核意见，对相关责任人实施奖惩

第七节 预算管理要与企业生命周期相匹配

一、企业生命周期

企业在不同的发展阶段，会有不同的战略管理重点，因此预算管理模式需要与企业的生命周期相匹配。根据发展历程，企业的发展阶段可以分为初创期、增长期、成熟期和衰退期四个阶段，如图 2-14 所示。

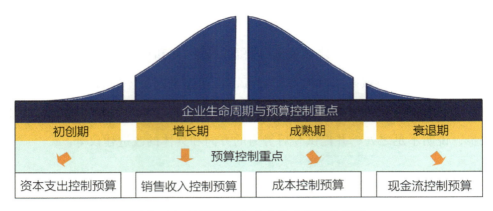

图2-14 预算管理与企业生命周期的关联

二、预算管理在企业生命周期各阶段的应用

1. 企业初创期的预算管理模式

此阶段控制重点：资本支出控制预算

原因：企业在初创期的经营风险和投资风险很高，因此以资本投入为中心的资本预算也就成为该阶段的主要预算管理模式，如表2-12所示。

表2-12 以资本支出为起点的预算管理模式

初创期的全面预算管理模式：以资本支出为起点			
阶段特征	预算起点	预算编制内容	管理重点
经营风险和投资风险很高			
（1）大量资本支出/现金流出，企业净现金流量为负数 （2）投资风险大，新产品开发的成败/未来现金流量的大小具有较大的不确定性	以资本核算为核心	（1）投资项目的总预算，即从资本需要量方面对拟投资项目的总支出进行规划 （2）项目的可行性分析与决策过程，即从决策理性角度对项目的优劣进行取舍，从而确定哪些项目上、哪些项目不上。它需要借助于未来预期现金流预算及规划，属于项目预算 （3）在时间序列上多考虑项目资本支出的时间安排，即从时间维度上进行资本支出的现金流出量规划 （4）在考虑总预算、项目预算及时间序列后，结合企业的筹资方式进行筹资预算，以保证以上项目的资金支出需要。此为项目筹资预算	资本预算以资本运营和产业投资为两大重点，立足流向调整

2. 企业增长期的预算管理模式

此阶段控制重点：销售收入控制预算

原因： 企业在增长期的经营和财务风险仍然很大，市场迅速扩张，因此以销售为中心的预算也就成为该阶段的主要预算管理模式，如表 2-13 所示。

表 2-13 以销售预测为起点的预算管理模式

阶段特征	预算起点	预算编制内容	管理重点	适用范围
增长期的全面预算管理模式：以销售预测为起点					
经营风险和财务风险仍然很大					
（1）经营风险比较高：产品能否为市场完全接受，能以多高的价格接受 （2）财务风险比较高：大量的市场营销费用的投入，各种有利于客户的信用条件和信用政策的制定，大量需要补充的流动资产，此阶段，现金流量仍然维持在入不敷出的状态	以销售为核心	销售预算、生产预算、采购预算、成本费用预算、利润预算和现金流量预算	营销管理是此阶段的管理重点，要通过市场营销来开发市场潜力和提高市场占有率，借助预算机制与管理形式来促进营销战略的全面落实，以取得企业可持续竞争优势	以快速增长为目标的企业，处于市场增长期，季节性经营的企业

在这一阶段，企业战略管理的重点是扩大市场占有率，并在此基础上理顺内部组织的管理关系，此模式下的预算编制思想是：

（1）以市场为依托，基于销售预测编制销售预算；

（2）以"以销定产"为原则，编制生产、费用等各职能预算；

（3）以各职能预算为基础，编制综合财务预算。

这一模式下的预算目标体系中，销售收入目标会成为此阶段的主要预算管理内容。

3. 企业成熟期的预算管理模式

此阶段控制重点：成本控制预算

原因： 企业在成熟期的经营风险相对较低，但潜在的持续经营压力以及成本压力很大，因此以成本控制为中心的预算也就成为该阶段的主要预算管理模式，如表2-14所示。

表2-14 以成本控制为起点的预算管理模式

成熟期的全面预算管理模式：以成本控制为起点				
阶段特征	预算起点	预算编制内容	管理重点	适用范围
企业在成熟期的经营风险相对较低，但潜在的持续经营压力以及成本压力很大				
（1）市场、产品、价格、现金流量稳定 （2）由于大量销售和较低的资本支出，现金净流量为正数，且保持较高的稳定性	以成本控制为核心	成本预算、生产预算、采购预算、经营费用预算	成本预算立足主业，支撑价格策略，立足存量节约	产品处于市场成熟期的企业，大型企业集团的成本中心

4. 企业衰退期的预算管理模式

此阶段控制重点：现金流控制预算

原因： 企业在衰退期的销售出现负增长，产品市场萎缩，会产生大量闲置的自由现金流量，因此以现金流量为中心的预算也就成为该阶段的主要预算管理模式，如表2-15所示。

表 2-15 以现金流量为起点的预算管理模式

衰退期的全面预算管理模式：以现金流量为起点				
阶段特征	预算起点	预算编制内容	管理重点	适用范围

产品市场萎缩，销售出现负增长，产生大量闲置的自由现金流量

阶段特征	预算起点	预算编制内容	管理重点	适用范围
（1）在经营上，企业所拥有的市场份额稳定但市场总量下降，销售出现负增长 （2）在财务上，大量应收账款在本期收回，而潜在的投资项目并未确定，因此，自由现金流量大量产生并闲置	以现金流量为核心	现金流量预算、经营预算、资本预算、筹资预算	企业管理的核心必须围绕现金的收回与合理支出，防止自由现金流量被滥用，同时要为下一轮新产品的开发和新的经济增长点积蓄资本潜力	产品处于市场衰退期的企业、财务困难的企业、重视现金回收的企业

以现金流量为起点的预算管理模式并不完全等同于短期现金预算。现金预算仅仅是财务预算的一部分，它旨在降低支付风险，协调现金流动性与收益性的矛盾。

第八节 媒体之音

本节摘取了我接受采访时谈到的部分实战经验，供读者参考。

一、预算的"四化"

观点一：预算的编制过程就是实践"四化"的过程

预算的编制过程可以总结为实践"四化"的过程，即让复杂的事情简单

化；简单的事情标准化；标准的事情表格化；表格的事情流程化。

观点二：将预算的"四化"落到实处，要"软""硬"兼施，环环相扣

为落实预算的"四化"，需要在前期做好充分的准备，要"软""硬"兼顾，环环相扣。

（1）硬件方面，要有专业的信息系统，否则用手工编制预算不仅非常麻烦，而且对质量和准确度的挑战也是巨大的。此外，预算是一个系统的工作，需要有预算体系及相关制度配套。企业应搭建完整的预算制度框架，并在此基础上对预算制度等进行细化，如图2-15所示。

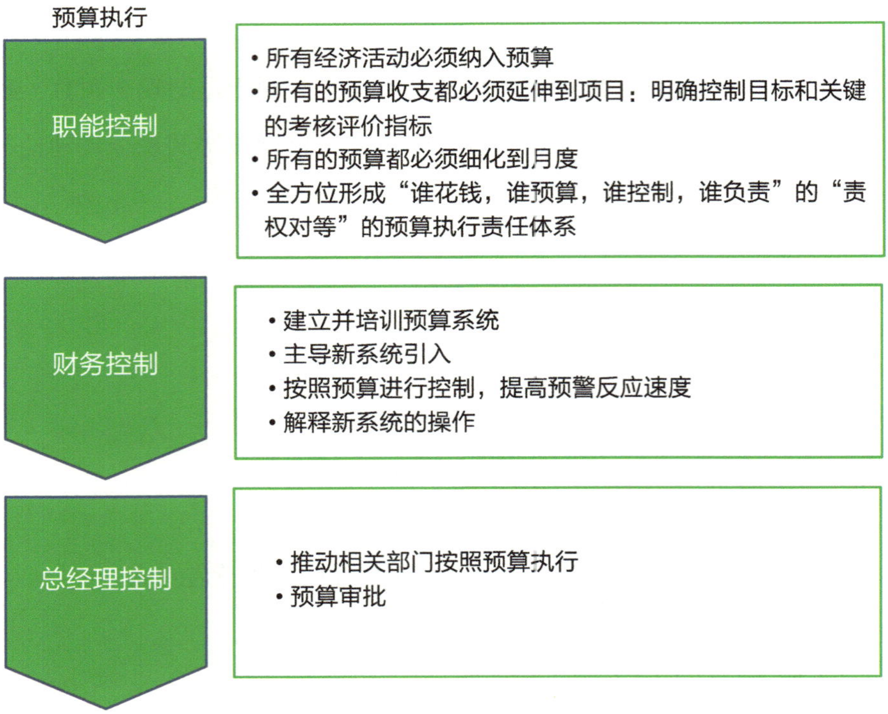

预算执行

职能控制
- 所有经济活动必须纳入预算
- 所有的预算收支都必须延伸到项目：明确控制目标和关键的考核评价指标
- 所有的预算都必须细化到月度
- 全方位形成"谁花钱，谁预算，谁控制，谁负责"的"责权对等"的预算执行责任体系

财务控制
- 建立并培训预算系统
- 主导新系统引入
- 按照预算进行控制，提高预警反应速度
- 解释新系统的操作

总经理控制
- 推动相关部门按照预算执行
- 预算审批

图2-15 预算制度框架

要想确保预算工作的高效、顺畅，企业应根据自身的特点与需求，设置

专门的预算审批模板，以便将做好的预算输入当中。这样，各个职能部门在申请使用预算的时候，超标还是剩余，就一目了然了。

要建立预算的考核制度，并有专人负责预算的审核管理。如果缺少预算体系和方法，预算工作就无法实施下去，或难以见到成效，如图2-16所示。

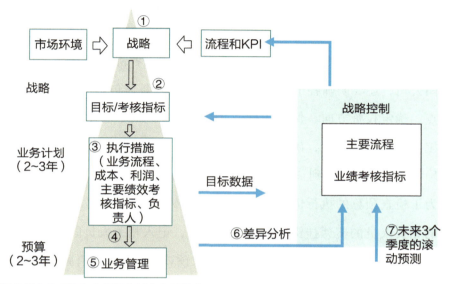

①根据外部商业环境和内部能力制定公司战略
②将战略细化到目标和考核指标
③为实现战略目标和考核指标确认必须执行的措施，包括业务流程、相应的成本费用、主要的负责部门等
④根据确认的执行措施编制预算
⑤执行
⑥将确认的主要行动及相应业绩考核指标作为目标数据，并与前述制定的战略目标和考核指标进行对比修正
⑦对预算执行情况按月进行检查，并将目标数据和实践数据进行差异分析，找到导致问题产生的原因，从而加以改进

图2-16　理想的预算模式

（2）软件方面，预算不是财务部一个部门的事情，而是全员的工作；预算也不是财务的预算，是关系到股东、经营者、执行者切身利益的预算，这

是操作过程的一个中心原则。无论相应的职能、项目经理是否有授权，预算最终都要由部门负责人来确认。因此，预算数据需要由各部门准备（如果是集团公司，还要涉及各个子公司），且部门计划必须与公司战略相一致，各子公司计划必须与集团总部战略相一致。

绝大多数的企业都有各自的预算体系，但并非所有的预算都能落到实处。要想做好预算编制工作，应遵循预算编制原则：在编制预算前，首先由财务部门根据公司的中长期发展规划和战略要求，明确各部门的发展方向（如果是集团公司，还要明确各个子公司的发展方向）。具体包括：确定成本费用控制重点、确定投资方向、保证预算的严肃性等。同时，要求各部门负责人对预算工作的严肃性负责，确保预算编制在"资料收集审查汇总—调整抵消—结果确认"全过程中做到"全面、准确、有序、合理、合规"。

为了检查预算的执行情况和执行结果，必须把预算的考核结果与各职能部门的相关人员的奖惩挂钩，考核按月进行，记入相关人员的绩效。设定预测差异率，预测差异率越小越好。必须要求预算的审核人员有强烈的责任心。建立预算审批制度，编制预算与实际使用情况差异的报表，分析差异原因。面对激励和考核政策，人们往往容易过度追求短期效果，而不注重长远的发展，这就违背了做预算的根本目标。因此，企业应建立一个有效的治理框架，不能以个别简单的指标去考量经理人员的业绩，而要注重激励经理人员的长期行为，可采用股票期权或企业未来收益等方式作为激励手段。

（3）实施预算时要环环相扣。预算是一项系统、连贯、细致的工作，在具体实施的过程中，需要严格把握每一个环节，做到环环相扣。

首先，要明确预算编制的项目。预算编制的项目主要包括：成本费用预算、收入预算、资产负债预算、财务指标预算、资本预算、现金流量预算等。

其次，应明确预算编制的目的就是为了实现公司的经营目标和公司的经营战略。预算可以将企业的经营目标分解为一系列具体的经济指标，将经营目标进一步具体化，定下经营指标并逐层下达销售及生产指标，落实到企业的各个部门。

再次，在明确预算编制的项目基础上，要及时根据实际情况对预算进行必要的调整，并由专人进行预算使用情况的监控和审核。

最后，还应引入项目管理的方式。将预算工作的全过程作为一个大的项目进行管理，同时可将大的项目分解为若干小的项目，并成立项目小组，由相应的成员及项目负责人进行推进、执行、管理、监控，以确保每一环节的有效进行。

现金流会直接影响企业的整体运作，因此，在制定现金流预测的时候要更多地考虑市场的变化，资金的预测要有能适应市场变化的弹性。力图让企业的战略目标在全面预算中体现，让资金灵活地周转，形成良性循环。

同时，努力将企业日常的经营活动控制在合理的预算范围之内，有效调动和分配企业所拥有的资源，解决部门间的沟通与协调，促进绩效考核和奖励机制，以获取最大的效益，确保战略计划的执行与完成。

二、预算与内控相得益彰

观点一：预算管理是内控的重要工具，它可以帮助企业落实内控

全面预算管理是全过程、全方位和全员参与的系统管理。所谓全过程预算管理是指公司组织各项经营活动的事前、事中和事后都必须纳入预算管理；所谓全方位预算管理是指公司一切生产经营活动必须全部纳入预算管理；所谓全员预算管理是指公司领导、子公司负责人、车间及部门负责人、各岗位员工必须全员参与预算管理。

预算管理是企业内控的重要工具,它将经营目标量化后再通过分析监控、绩效考核等手段实现管理控制与风险控制,从而保障战略目标达成。

预算管理如何帮助企业落实内控呢?它体现在以下三点:

(1)预算管理帮助企业控制战略,比如在进行预测、制定战略目标计划和3~5年的预算工作中,根据实际情况制定战略仪表板、根据新的战略方向制定移动计划书。

(2)预算管理帮助企业控制管理,比如在绩效目标、行动计划、年度预算的制定中,根据每月跟踪情况制定管理仪表板、根据最新评估情况调整各项行动。

(3)预算帮助企业控制经营,比如在经营目标和标准、制度的制定中,根据现场情况制定经营仪表板、调整各项行动。

观点二:内控可以帮助企业做好全面预算管理

如果分析为何只有少数企业才能成功实施全面预算管理,我们会发现企业在实施过程中有以下四大障碍:

(1)远景障碍,比如只有5%的员工理解战略;

(2)人员障碍,比如只有25%的管理人员享有与战略相关的激励;

(3)管理障碍,比如有85%的管理团队每月讨论战略的时间不足1个小时;

(4)资源障碍,比如有60%的组织没有将战略与预算联系起来。

这种意识不到位、组织不到位、知识不到位、执行不到位、应用不到位、融合不到位的问题,正好可以通过内控建设工作予以弥补。

以预算编制环节为例,来看看内控是如何帮助企业做好全面预算管理的。

企业"预算编制"环节的烦恼有很多，比如①企业目标未确定或不明确、不切合实际；②预算指标单一，未建立科学的指标体系；③认为预算就是年度计划，一年一定，年年加码；④编制预算仅作为年度考核用，层层讨价还价；⑤编制原则与方法不明确，相关部门人员无所是从；⑥认为预算是财务部门的事等。

对此，企业要从关键控制节点出发解决上述问题，比如①制定企业目标和发展战略；②建立预算制度；③建立预算组织体系；④确立预算指标体系；⑤实行预算动态管理；⑥将预算考核与薪酬计划结合；⑦明确各部门做什么、应怎么做、准备怎样做。

在此过程中，企业要掌握一些好的工作方法，比如访谈、函件问卷、讨论、调研、收集事件、会议、报告、交流、持续改进等。

三、形成以经营和预警为核心的闭环管理

观点：形成以分析和预警为核心的闭环管理，对全面预算管理的成功实施至关重要

企业每个月、季、年终都要召开高层的经营分析与预警大会，经营分析与预警机制是公司自我认知和评估、风险预警、管理控制和决策支持的有效工具。

（1）在执行经营分析时，要找到影响竞争力的价值因子

经营分析与预警大会并不是一般地开开会，而是需要精心筹划的。从流程的维度，将大会切割成三个板块。大会召开前，做数据分析、原因分析、改善建议的准备工作；会议中，重点强调行动策略及目标、资源分配；会议后做跟踪检查工作。

这样一来，以经营分析与预警管理报告为核心的闭环管理就有效形成了，而且很多共识都落到了人、系统、流程等可操作的维度。

要通过全面的分析报告去找差距和解决方案，并形成涵盖销售能力、发展能力、盈利能力、运营能力、风险管理能力、人力资源效率效能等内容的"仪表盘"，其中包括业务分析、产品分析、人力组织分析、投资风险分析、资金管理风险分析等方面。

另外，还要分析公司在行业里的坐标，分析接下来应该采取哪些差异化的策略，去打败企业的竞争对手。

以资产负债率为例，如果当前的资产负债率是50%，一个月前是45%，三个月前是42%，一年前是20%，那么，管理者就应该进行财务诊断，分析导致该指标变化的原因是什么、行动的掣肘在哪里、改善的能力指标是什么、需要哪些人财物资源来做保证、带来的风险有哪些。

对于经营分析和预警体系的构建，可以用到"蚂蚁理论"的概念，即把每个影响竞争力的价值因子都找到，进行内外部对标，并分解出若干因素和指标，采取相应的措施予以改善。

比如要降低各项成本费用、提高净利润，就要找出相应的影响因素和指标，提出对应的措施。接下来，一定要追本溯源，看看节约的量化指标是多少、由谁来主牵头、谁来配合等。

（2）在执行分析时，要注重价值分析

构建经营分析与预警机制最重要的经验：

①要支持战略—财务—业务—人力一体化，注重价值分析；

②要以集团层面分析为核心，以业务单元和职能部门分析为基础，做到层次清晰；

③以实际业务运营需求为导向设计分析内容，为不同管理者提供不同的分析展示界面，提高分析有效性。

尤其是在每年年底的财务总结工作中，做好经营分析工作非常重要，主要有以下三方面体会。

①要找出实际与预算的主要差异及产生相关差异的关键影响因素，分析影响因素的发展趋势或改善路径；

②要分析企业与标杆企业的绩效差异，分析企业的行业地位，找出需要改善的关键方面；

③要分析内部业务单元绩效在企业中所处的地位，找出可以提高的关键方面。

构建经营分析和预警体系的好处也是显而易见的，如下所述。

①有了较好的经营分析和预警体系，发生问题时就可以程序化地找到症结，快速定位到责任人、流程；

②可以及时发现不利差异及其产生原因，为纠偏提供信息支持；

③可以及时发现可能出现的问题，为事前控制提供依据；

④可以通过系统化的分析，为公司及业务部门确定自身优势和劣势提供信息支持，帮助管理者更加科学地做出决策。

依照多年的工作经验，我认为企业要做好经营分析工作，还应在四个方面加强支撑：

①要加强业务层面的延伸、细化分析；

②要推进业务类型分类，明晰业务在价值链中的位置及盈利模式的适

应性；

③要让公司的战略明晰并被组织成员理解。

④要更好地优化经营分析工作，企业需要强化价值分析并完善价值分析体系，还需要完善与业务类型相匹配的子分析体系。

友情提示：本章从理论上系统化地介绍了全面预算管理的五大环节，针对这五大环节如何操作（每个环节的交付成果、企业的关注点、部门的关注点、关键输入、关键行动、常见问题、常用工具/模型、牵头人、常见难题及应对措施）会在第3章中进行系统化介绍。

第 3 章
37 个案例告诉你转动预算"魔方"的法则

阅读本章前，建议先思考以下 8 个问题：

① 企业应该先做大再做强，还是先做强再做大？
② 如何确定企业的战略目标？
③ 如何制定有效的部门规划？
④ 如何在企业战略、部门计划和预算之间建立联动机制？
⑤ 预算编制要注意哪些要点？
⑥ 预算分析怎么做才是最有效的？
⑦ 预算考核如何调动员工的积极性和创造性？
⑧ 如何在业务目标、预算与薪酬激励之间建立联动机制？

你有答案了吗？邀请你继续阅读

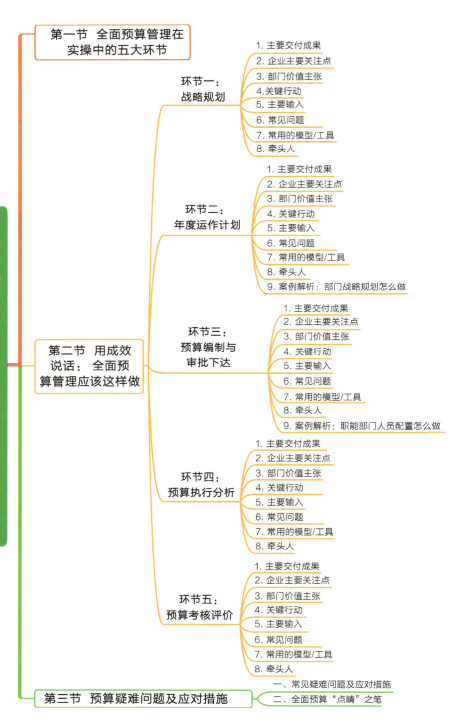

第 3 章　37 个案例告诉你转动预算"魔方"的法则

志英心得　推行全面预算管理，企业一定要使用"IPO"逻辑思维，系统性地思考全面预算管理各实施环节的输入和输出、关键行动、环节与环节之间的内在逻辑关系，以及如何"巧妙"地在企业目标、部门目标、岗位目标、预算、绩效之间建立逻辑关联，实现全员奔跑状态。

精彩抢先读

转动"魔方"，别让预算沦为年度"空手道"

大多数企业管理者常常会发出感慨："预算年年做，年年算不准，最终沦为年度'空手道'，毫无实际意义。"究其原因，是因为大多数企业管理者只关注自己管辖范围内的工作，不愿意、不会、也不能站在全局角度思考问题，这不仅会在公司部门与部门之间竖起一道道厚重的"部门墙"，直接影响全面预算管理的顺利实施，致使战略成为空谈，最终导致企业失败。

我在外企及本土上市公司和创业型企业实践全面预算管理已有 20 多年，我的心得体会是：全面预算管理要想落到实处不坐蜡，一定要重视："三全""四位一体"和"IPO"。

1. "三全"：全面预算管理一定是全过程、全方位、全员参与的科学管理方法。

在企业战略目标指引下，全面预算管理通过战略规划、预算编制、目标分解、目标执行、行动调整、经营分析、绩效考核等一系列活动，全面提升企业管理水平和经营效果，实现企业价值最大化。

2. "四位一体"：企业"战略－业务－财务－人力"四位一体、融合发展是实施全面预算的核心思想，全面预算要想成功落地，必须上接战略，中接业务，下接绩效，财务是贯穿上中下的链条。

3. "IPO"：推行全面预算管理，企业一定要使用"IPO"逻辑思维，系统性地思考全面预算管理各实施环节的输入和输出、关键行动、环节与环节之间的内在逻辑关系，以及如何"巧妙"地在企业目标、部门目标、岗位目标、预算、薪酬激励机制之间建立逻辑关联，实现全员奔跑状态。

知识链接

什么是"IPO"方法？

I——全面预算实操各环节的输入物；
P——全面预算实操各环节的关键行动和流程；
O——全面预算实操各环节的主要交付物。

在我以往所供职的各类企业里，作为集团高管，我在企业实施全面预算管理时经常会站在全局角度思考以下问题，在此和读者分享。

1. 企业未来3~5年的发展方向和战略目标是什么？
2. 为了实现企业战略目标，企业收入、净利每年应该以多少的速度增长？
3. 为了实现既定的年度收入和净利润年增长率，如何制定企业的作战地图？
4. 为了让战略地图落地，如何制定各个部门的发展规划？
5. 为了让企业战略规划落地，如何匹配合适的组织架构？

6. 为了确保企业的经营活动正常运行，企业需要的资金规模是多大？
7. 如何用预算管理直观表达企业的战略规划和部门的工作目标？
8. 如何制定科学合理的预算标准？如何调整这些标准？怎样衡量、评价这些标准？
9. 如何建立与企业战略目标匹配的管控模式和考核评价办法？
10. 在岗位目标任务确定的前提下，如何建立"奖勤罚懒、奖优罚劣"的激励机制，调动员工的积极性、创造性？

……

根据我的实战经验和体会，我用"IPO"的逻辑思维，对全面预算管理实施过程中每个环节涉及的要点进行了系统的归纳总结，为了方便读者深入理解和全面掌握实操技巧和要点，在本章中我会按照以下的逻辑顺序对全面预算的五大实操环节逐一进行详细介绍，让读者充分掌握"玩转"全面预算魔方的技巧，在实战中享受快乐。

1. 主要交付成果
2. 企业主要关注点
3. 部门价值主张
4. 关键行动（附实战范本）
5. 主要输入
6. 常见问题
7. 常用的模型／工具
8. 牵头人
9. 案例解析

本章涉及的理论内容部分已在第 2 章中做了全面介绍，在此不再重复。

第一节　全面预算管理在实操中的五大环节

全面预算管理在实操过程中会涉及五大关键环节，如图 3-1 所示，我们以预算编制与审批下达作为一个标志里程碑，将这五大环节分割成两大阶段。

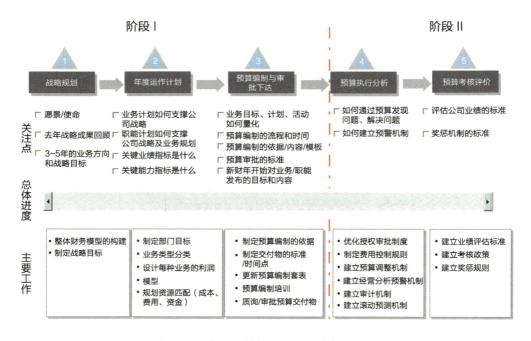

图 3-1　全面预算管理各环节实施路径导

阶段 I：为前三个主要环节。

（1）战略规划环节；

（2）年度运作计划（重点介绍：业务/职能规划环节）；

（3）预算编制与审批下达环节。

此阶段的完成标志：审批下达预算。

阶段Ⅱ：为后两个主要环节。

（4）预算执行分析环节；

（5）预算考核评价环节。

此阶段的完成标志：预算考核评价。

阶段Ⅱ是阶段Ⅰ的延续，也是保证全面预算管理落地的最重要的一个阶段。

全面预算管理是一项系统、连贯、细致的工作，要想每个环节做到环环相扣，就需要在具体实施过程中，严格把握每一个环节的输入、输出、企业层面的关注重点、部门层面的关注重点、关键行动措施等。

第二节　用成效说话：全面预算管理应该这样做

环节一：战略规划

战略规划环节一览图如图 3-2 所示。

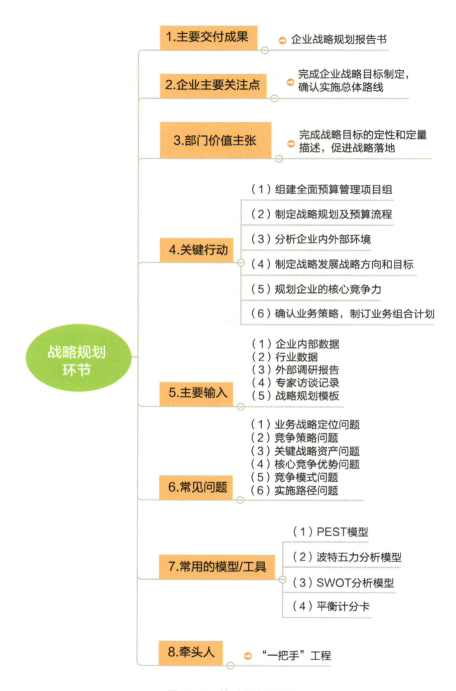

图 3-2　战略规划环节

1. 主要交付成果

企业战略规划报告书。

2. 企业主要关注点

通过实施全面预算管理，制定可落地的企业战略目标，确定实现战略目标的总体路线和方针。

3. 部门价值主张

在企业战略规划环节中，财务部门会主动参与战略分析、战略选择、战略实施、战略评价和战略调整，并在战略规划全过程中通过构建财务模型，在企业战略目标和运营管理之间搭桥，将企业战略转化为部门战略与计划，以及员工的目标、计划和行为，提升企业人财物资源的最优配置，控制经营和财务风险，实现全员奔跑。

备注：比如第4章第三节"'珍珠链'预算管理体系使T集团转危为安"中提到的战略"平衡计分卡"就是一个非常有效的模型。

4. 关键行动（附实战范本）

在战略规划环节中，企业需要开展以下六项关键行动。

关键行动一：组建全面预算管理项目组，明确组员职责

↘ **实战范本 3-1　为T集团全面预算"组阁"**

T集团以"项目管理"形式推行全面预算管理，在推行前，成立了预算项目小组，明确规定了小组各成员的职责，如表3-1所示。

表 3-1　T 集团的预算项目组及职责说明

项目组	主要职责
全面预算管理项目领导 *CFO	* 负责全面预算管理项目的顶层设计方案 * 总体把握全面预算管理项目运作的方向、过程和结果 * 负责组织、沟通、评审集团总部及子公司的中长期战略规划、年度运作计划及年度预算 * 评审全面预算管理项目不同阶段的里程碑及交付物的质量和数量 * 负责清除全面预算管理项目运作过程中的所有障碍，给项目组提供所需的资源 * 负责组织沟通、讨论和制定集团整体的中长期战略规划与年度运作计划，向董事会汇报 * 负责推进集团整体的年度财务预算、业务预算和资本预算，向董事会汇报 * 定期、不定期与集团高层管理层沟通项目进展、亮点和不足点
项目经理 * 战略管理部门总监	* 负责承接全面预算管理项目领导安排的具体工作 * 负责落实项目领导设计的全面预算顶层设计方案 * 负责制定总部层面的全面预算管理运作流程，提交项目领导及总部管理层审批 * 协助项目领导组织、协调、推进整体项目，以及落实项目推进过程中的有关细节工作 * 负责监督全面预算管理项目的里程碑，并向项目领导汇报，提出建议 * 负责汇总集团总部层面的中长期战略规划、年度运作计划及年度预算 * 负责汇总集团子公司层面的中长期战略规划、年度运作计划及年度预算
总部项目规划组主要成员 * 总经理办公会（GMO）所有成员 * 集团总部各业务部门负责人 * 管理会计中心所有成员	* 负责各自管辖范围内的中长期战略规划、年度运作计划和预算的编制 * 全程参与总部不同部门的战略目标、经营目标以及规划等关键问题的讨论与交流 * 参与并支持各子公司年度规划及预算的制定与评审 * 积极配合项目领导制定的全面预算规划及安排
子公司项目规划组主要成员 * 子公司总经理 * 子公司各业务部门负责人	* 负责子公司的年度业务规划及预算制定，并经总部 GMO 及子公司董事会审批通过 * 全程参与子公司各个部门的战略目标、经营目标以及规划等关键问题的讨论与交流 * 积极配合项目领导制定的全面预算规划及安排

（续）

项目组	主要职责
项目参与团队 * 总部各个部门 * 子公司各个部门	* 在项目组主要成员的组织下，协助完成总部层面、子公司层面的年度规划与预算 * 参与部分规划项目的讨论与制定 * 财务团队负责各级年度预算的汇编及相关推进工作

关键行动二：制定战略规划及预算管理流程

↘ **实战范本 3-2　为公司全面预算的推行画流程**

为了全面预算的顺利实施，T集团为全面预算的推行画了一张流程图，如图3-3所示。

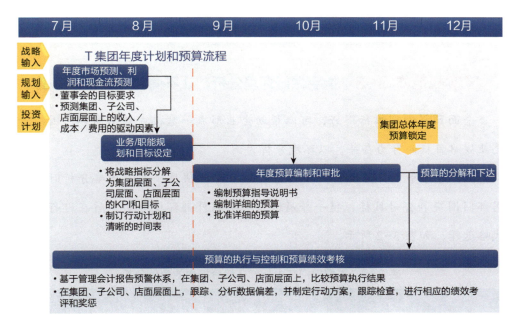

图 3-3　年度全面预算管理流程

关键行动三：分析企业内外部环境

企业进行内外部环境分析是为了对企业未来发展方向达成共识，避免拍脑袋做决策和盲目追逐市场热点，为企业战略的出炉奠定基础，如图3-4所示。

图 3-4　内外部环境分析要点

↘ 实战范本 3-3　携手做好环境分析，让不同部门形成一盘棋

全面预算管理推行得好，可以帮助企业形成一盘棋，让不同部门围绕着企业战略目标而努力奋斗，以环境分析为例。

S公司每年7月启动新一年的全面预算管理项目，在做战略分析时，不同部门围绕着公司目标，携手并肩进行公司内外部环境分析，旨在进行最优战略选择，如表3-2所示。

表 3-2　不同部门在内外部环境分析中的角色分工

	研发部	生产部	供应链部门	销售部	市场部	技术部	财务部	人力资源部
宏观环境分析					▲			
市场分析	▲				▲			
行业分析	▲			▲	▲			
竞争分析	▲			▲	▲			

（续）

	研发部	生产部	供应链部门	销售部	市场部	技术部	财务部	人力资源部
技术分析	▲	▲				▲		
渠道分析				▲				
原材料采购分析			▲					
内部销售分析	▲			▲	▲			
财务分析							▲	
企业资源与能力分析	▲	▲	▲	▲	▲	▲	▲	▲

关键行动四：制定战略发展方向和目标

企业到底应该先做大再做强，还是先做强再做大？这些年，很多企业管理者一直在为企业战略发展方向争论不休。

个人认为，企业未来追求什么样的战略发展方向，是以增长为导向（即先做大再做强），还是以盈利为导向（即先做强再做大），取决于企业的经营思路和策略，如图3-5所示。

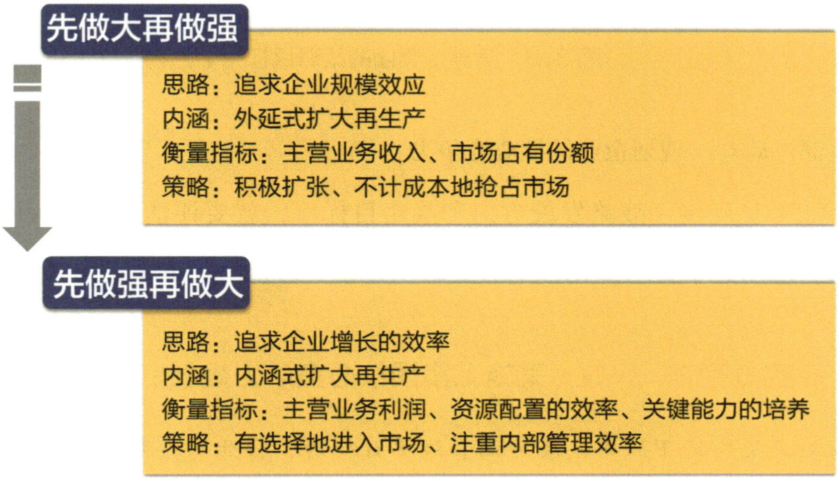

先做大再做强
思路：追求企业规模效应
内涵：外延式扩大再生产
衡量指标：主营业务收入、市场占有份额
策略：积极扩张、不计成本地抢占市场

先做强再做大
思路：追求企业增长的效率
内涵：内涵式扩大再生产
衡量指标：主营业务利润、资源配置的效率、关键能力的培养
策略：有选择地进入市场、注重内部管理效率

图3-5　两种不同的企业战略发展方向

↘ 实战范本 3-4　先定战略方向，再定战略目标

某施工集团定下公司未来的战略发展方向：先做强，再做大。基于此，该集团制定了战略目标，包括业务目标、财务目标、管理目标、员工目标和客户目标，如图 3-6 所示。

图 3-6　某施工集团的战略目标

关键行动五：规划企业的核心竞争力

企业一旦确定了战略发展方向和战略目标后，就要评估现有业务的核心竞争力，规划、培育、强化未来业务的核心竞争力，以某施工集团为例。

↘ 实战范本 3-5　某施工集团核心竞争力规划的 7 个要点

某施工集团定下战略发展方向和战略目标后，就开始按照以下 7 个要点，规划、培育公司的核心竞争力。

①本行业市场竞争和环境（即行业研究的结果）；

②主要竞争对手过去 3 年的竞争策略和主要工作；

③本公司过去 3 年的竞争策略和主要工作；

④主要竞争对手未来 3 年可能采取的竞争策略；

⑤本公司未来 3 年准备采取的竞争策略；

⑥主要竞争对手的核心竞争力（例如成本水平、品牌效应、营销服务体系、优秀人才、领先的技术、不可争夺的资源占有等）；

⑦本公司的核心竞争力规划。

关键行动六：确定业务策略，制订业务组合计划

企业战略规划的重要内容之一就是根据既定的战略发展方向和目标确定业务策略，制订业务组合计划，以 × 公司为例。

↘ 实战范本 3-6　制定业务组合策略，实现公司价值增长

× 公司是一家投资控股集团，作为投资公司，在战略部署上需要时刻以现金流为核心，所以 × 公司业务规划的目标是"股东价值最大化"。

为了实现公司价值增长，× 公司根据其特点制定了业务组合规划，将所有业务分为三类：退出业务、培养业务和强化业务，并重点聚焦在以下三个方面：

重点一：现有业务是保留还是退出，看现金流的好坏

- 评估现有业务时，公司会将能给公司带来现金流的业务、项目列为重点保留业务，这类业务包括但不限于：扩大股权比例，变为全资子公司、减少应收款项、减少库存、减少资金沉淀、减少资金占用等。

- 评估现有业务时，公司会将不能给公司带来现金流或导致公司未来现金流枯竭的业务、项目列为退出业务，并废除或终止与这类项目和业务相关的经营政策，与此相关的新项目不得立项或者获得审批。

重点二：能给公司带来现金流的新项目，是公司重点培养的业务

公司开展的新项目要以高利润率、高增长、大市场规模和传统产业为主。

重点三：能给公司带来收益的项目，是公司需要强化的业务

公司会重点加强业务管理，重视现有业务的整合、经营能力的提高和现有业务平台作用的发挥。

5. 主要输入

（1）过去三年公司的销售、财务、运营、市场数据；

（2）行业数据；

（3）外部市场及竞争情况调研报告；

（4）行业专家访谈记录；

（5）战略规划报告模板。

6. 常见问题

（1）业务战略定位不清晰；

（2）缺乏有效的竞争策略；

（3）关键战略资产匮乏；

（4）核心竞争优势不明显；

（5）缺乏有效的市场竞争模式；

（6）缺乏清晰的实施路径图。

7. 常用的模型/工具

（1）PEST 模型

（2）波特五力分析模型

（3）SWOT 分析模型

（4）平衡计分卡

8. 牵头人

战略规划是企业"一把手"工程，各个部门的负责人以及企业主要骨干都需要参与进来。

环节二：年度运作计划

年度运作计划涵盖企业经营管理的各个方面，本节重点介绍业务和职能规划。业务/职能规划环节如图 3-7 所示。

1. 主要交付成果

公司各部门规划报告书。

2. 企业主要关注点

通常情况下，企业会重点聚焦在以下 5 个方面。

（1）为了让企业战略落地，如何制定业务部门的战略规划和年度运作计划；

（2）为了让企业战略和业务计划落地，如何制定职能部门的战略规划和年度运作计划；

（3）如何进行人财物等资源的优化配置；

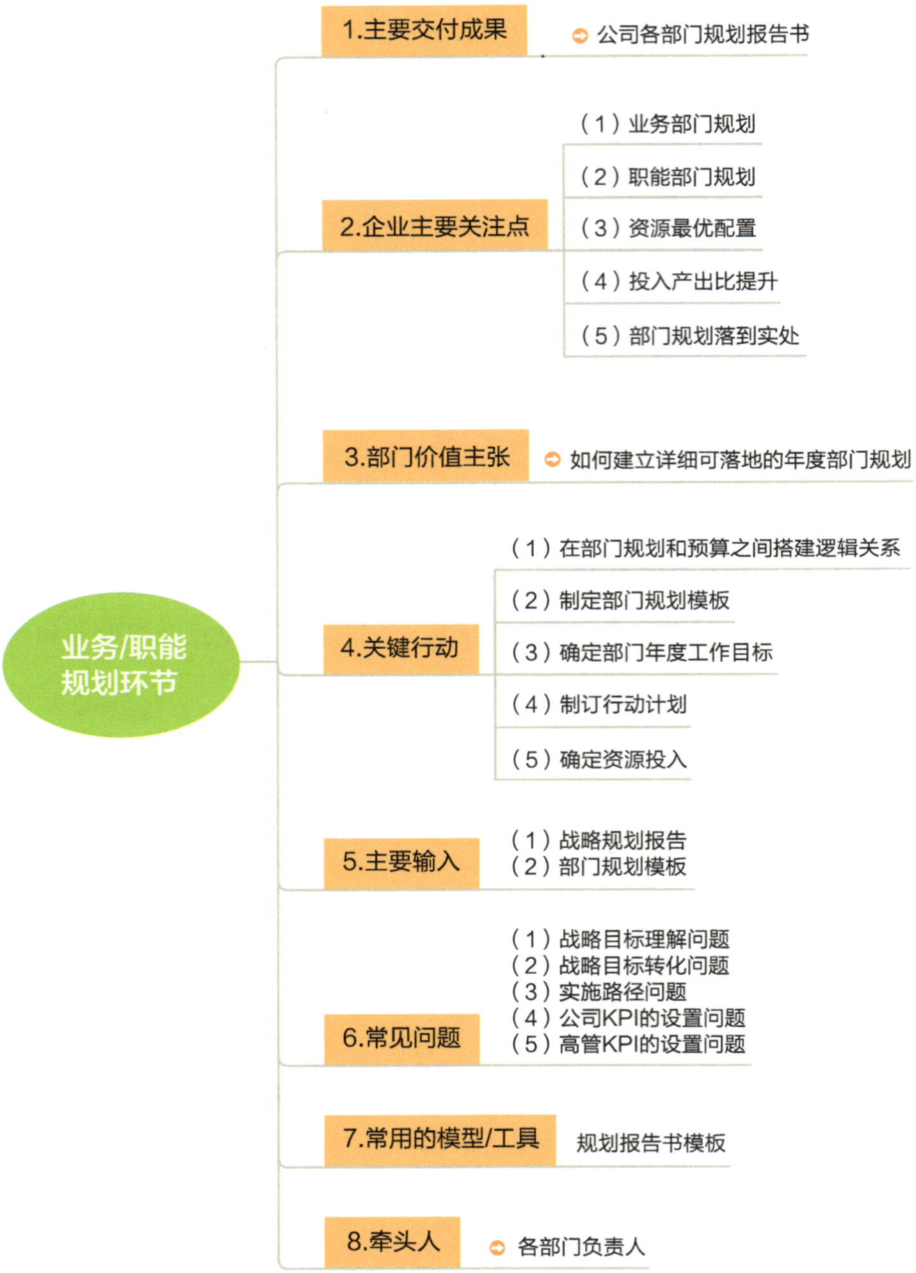

业务/职能规划环节

1. 主要交付成果 → 公司各部门规划报告书

2. 企业主要关注点
（1）业务部门规划
（2）职能部门规划
（3）资源最优配置
（4）投入产出比提升
（5）部门规划落到实处

3. 部门价值主张 → 如何建立详细可落地的年度部门规划

4. 关键行动
（1）在部门规划和预算之间搭建逻辑关系
（2）制定部门规划模板
（3）确定部门年度工作目标
（4）制订行动计划
（5）确定资源投入

5. 主要输入
（1）战略规划报告
（2）部门规划模板

6. 常见问题
（1）战略目标理解问题
（2）战略目标转化问题
（3）实施路径问题
（4）公司KPI的设置问题
（5）高管KPI的设置问题

7. 常用的模型/工具 规划报告书模板

8. 牵头人 → 各部门负责人

图 3-7　业务／职能规划环节

（4）如何提升各部门的投入产出比；

（5）如何促进业务计划和职能计划落到实处。

3. 部门价值主张

部门价值主张应始终围绕着如何建立企业战略规划的细化实施方案，如何建立详细可落地的部门年度运作计划，具体体现在以下四个方面。

（1）将企业战略目标转化为业务部门和职能部门的战略目标；

（2）将部门战略目标转化为部门详细的行动计划；

（3）为本部门建立清晰的部门工作使命、工作重点和绩效目标；

（4）评估公司和本部门所需的资源投入和面临的挑战。

4. 关键行动（附实战范本）

在业务/职能规划环节中，企业需要开展五项关键行动：

关键行动一：在部门规划和预算之间搭建逻辑关系

在做部门规划时，企业必须要建立部门规划与预算之间的逻辑关联图，以 A 公司为例。

↘ 实战范本 3-7　在预算与部门规划之间搭桥

A 公司在制定业务及职能部门规划时，在预算与部门规划之间搭建了逻辑关系关联图，如图 3-8 所示。

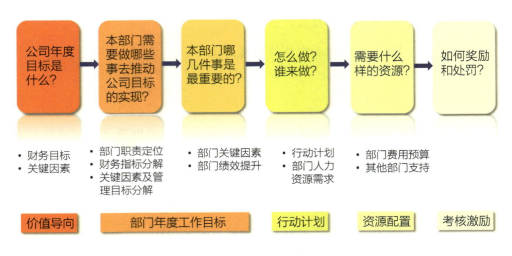

图 3-8 预算和部门规划之间的逻辑关系

关键行动二：制定部门规划模板

↘ 实战范本 3-8　某公司的部门规划模板

某公司的部门规划模板如表 3-3 所示。

表 3-3　某公司的部门规划

部门年度主要工作目标（举例）	实现项目收入 5 亿元，实现利润 1.4 亿元，部门办公费用控制在 2000 万元
部门能力与资源分析	（1）部门人员能力分析 （2）部门业务管理水平分析 （3）部门内部资源分析 （4）完成部门年度目标匹配度分析
部门年度计划假设（举例）	（1）外部假设 市场需求假设： 由于××，预计××项目需求增加 20%；由于××，预计××行业需求增加 35% 原材料供应假设： 由于××，预计××原材料采购费用增加 6% （2）内部假设 财务部门可以按时提供 80% 足够的资金

（续）

部门年度工作活动	（1）活动目的 （2）活动主要内容 （3）参与部门及人员 （4）执行步骤及时间安排 （5）活动结果
部门年度资源需求	（1）人员需求计划 （2）资金需求计划 （3）项目支持计划 （4）技能学习计划
部门年度KPI考核指标 （举例）	（1）财务指标：项目收入、采购费用、管理费用等 （2）非财务指标：市场占有率等
部门年度业务预算及编 制依据（举例）	（1）销售收入预算 2019年市场需求预测 （2）生产用材料采购现金流量预算 2019年年度项目用材料采购 2019年采购价格预测 2019年采购周期预测 2019年采购资金支付政策预测
部门年度管理费用预算 及编制依据（举例）	（1）部门人员工资及奖金 2019年部门人员计划 2019年部门薪酬计划 （2）部门办公费用 2019年部门奖金政策 2019年部门主要活动

关键行动三：基于企业战略输入，确定部门年度工作目标

企业在做业务/职能部门规划时，一定要提前想好并做好安排：部门规划如何承接企业战略，企业战略和部门战略之间如何建立勾稽关系，以T集团人力资源部门为例。

↘ 实战范本 3-9　如何在部门战略和企业战略之间搭桥

T集团人力资源部门在做2012年度人力资源部门战略时，充分考虑了

"战略－业务－财务－人力"四位一体的融合思想，在人力资源战略与企业战略、业务战略之间建立了勾稽关系，如图3-9所示。

图3-9　T集团2012年人力资源部门战略承接

关键行动四：制订行动计划

部门年度工作目标确定后，就要制订可落地的行动计划，以T集团人力资源部门为例。

↘ 实战范本3-10　T集团人力资源部门年度行动计划模板

T集团2012年度人力资源部门年度行动计划，如图3-10所示。

第3章 37个案例告诉你转动预算"魔方"的法则

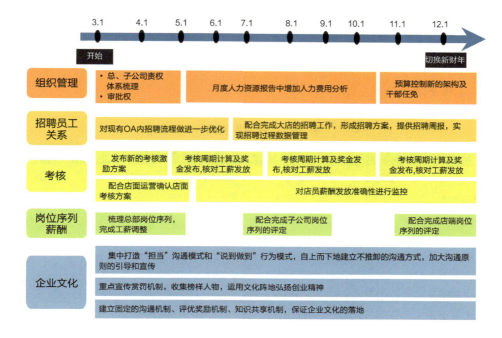

图 3-10 T 集团人力资源部门年度行动计划

关键行动五：确定资源投入

资源投入是预算编制的重要来源和依据，企业需要在部门规划阶段评估以下几件事。

- 业务规模能做多大；
- 需要什么样的资源匹配业务规模和增长速度；
- 需要多少资源匹配业务规模和增长速度；
- 何时需要这些资源；
- 这些资源在哪里分配和使用；
- 如何合理使用这些资源，避免浪费。

↘ **实战范本 3-11 E 公司资源投入使用模板**

E 公司使用"资源投入模板"作为公司预算编制的重要来源和依据，如表 3-4 所示。

表 3-4 资源投入模板

主要资源需求				
2009	2010	2011	2012	2013
财务资源				
资本				
资本来源				
人力资源				
人才需求				
人才来源				
技术资源				
技术需求				
技术来源				

5. 主要输入

（1）战略规划报告；

（2）部门规划模板。

6. 常见问题

（1）缺乏对公司发展方向和战略目标的清晰理解；

（2）无法将公司的战略目标转化成业务目标，继而转化为管理目标；

（3）缺乏清晰的部门实施路径图；

（4）全公司不设置绩效考核指标；

（5）未给高管设置绩效考核指标。

7. 常用的模型/工具

规划报告书模板。

8. 牵头人

各部门负责人。

9. 案例解析：部门战略规划怎么做

在现实工作中，大部分企业都不做职能管理部门战略规划，究其原因有二。

其一，企业没有意识到职能管理部门战略规划的重要性和必要性；

其二，企业不知道职能管理部门的规划框架如何搭建，如何与公司战略、业务计划进行关联。

那么，企业究竟应该如何制定职能管理部门战略规划？如何将职能管理部门的规划与企业战略目标、业务计划进行有效关联？以我亲自设计并实践的 M 集团（中国）公司的采购部门年度规划为例，向大家介绍 M 集团（中国）公司的采购部门规划是如何制定的，以及职能部门战略规划在企业开源节流中的贡献和作用。

↘ 实战范本 3-12　如何制定职能管理部门年度规划

（以 M 集团采购部门为例）

案例情景介绍

M 集团（中国）公司年度战略目标之一是：通过全面预算管理，实行集中采购，提升 M 集团（中国）公司的盈利水平。

M 集团（中国）公司的采购一直处于"散兵游勇"的混乱状态，这不仅给其带来较高的运营成本，还造成了利润的跑、冒、滴、漏等现象。集团内部审计提出过多次书面意见，要求整顿和治理中国区的采购乱象，在全公司范围内实行集中采购，降低企业运营成本，提高企业息税前利润（EBIT）。M集团（中国）公司实行集中采购势在必行。

疑问

M集团（中国）公司采购部门应该如何制定本部门的战略规划，从而实现集团制定的战略目标？

我和我的团队开启了采购部门战略规划之旅。

首先，我们用"六步走"策略确立了部门规划的逻辑顺序。

第一步：界定问题；

第二步：分析挑战；

第三步：转化企业战略目标；

第四步：确定关键操作策略；

第五步：制订重点工作计划；

第六步：计算资源需求。

第一步：界定问题

没有调研就没有发言权，在实行集中采购和建立采购部门规划前，我们做了一次正规的调研，目的是深度挖掘采购部门存在的问题，具体可参照表3-5所示。

表3-5 采购部门存在的问题调研

序号	层面	问题
1	财务	采购价格普遍比市场上的平均价格高
2	合规	大部分采购事项的审批缺乏标准的文档支持，采购过程不透明

（续）

序号	层面	问题
3	运营	（1）没有正式引入供应商筛选机制 （2）没有定期的供应商绩效评估、培训及管理 （3）合同的管理比较混乱
4	内部客户满意度	（1）有些供应商不够职业化，提供的服务水平有限 （2）供应商与企业之间仅是一般的买卖关系，而没有形成战略合作伙伴关系

第二步：分析挑战

实施集中采购是一项繁杂而浩大的工作，究竟该从何入手？节约来自何处？我们分析了部门当前面临的主要挑战，如图3-11所示。

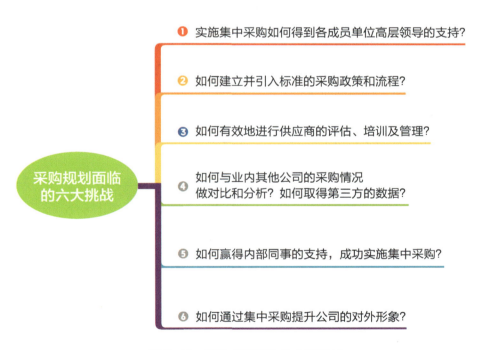

图3-11　采购部门面临的主要挑战

第三步：内化公司战略目标

部门规划的要点是正确理解公司的战略目标，并把对公司战略目标的理解转化成部门战略的理解，在此框架下再制定本部门的目标、策略和工作重点等，如图3-12所示。

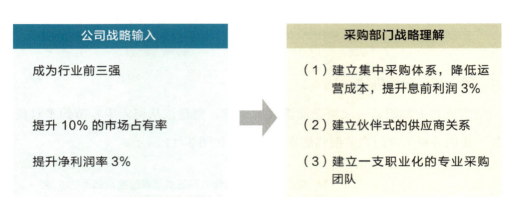

图 3-12　将公司战略转化为采购部门战略

第四步：确定关键操作策略

关键操作策略有三条，如图3-13所示。

图 3-13　关键操作策略

策略一：搭建集中采购运营体系

M集团（中国）公司集中采购运营体系的搭建如同盖房子，如图3-14所示。

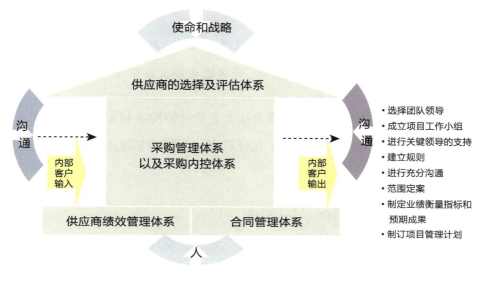

图 3-14 采购运营体系设计

- 房顶：代表供应商的评估与选择体系；
- 房子中间的支柱：代表采购管理体系以及采购内控体系；
- 支柱左边：代表内部客户的输入；
- 支柱右边：代表内部客户的输出；
- 房子的底部地基：代表供应商绩效管理体系和合同管理体系；
- 人：贯穿全过程的最重要的成功要素。

在集中采购目标的设定过程中，M 集团（中国）公司的实施团队采取了以下七项行动。

第一，识别内部客户的需求及环境；

第二，进行外部市场分析；

第三，设立项目工作小组，发挥多功能的团队协作效应；

第四，制定采购策略；

第五，确定供应商的选择标准和权重；

第六，同供应商谈判，做出最终的选择，报批管理层，协调及签订合同；

第七，评估与监督供应商的业绩，使其成为最佳合作伙伴。

整个过程需要大量标准的文档及适合企业特点的表格做支持。绝大多数的文档及表格都是在对内外部做了充分调查、分析的基础上设计的，这无疑是一项庞大的工程。

策略二："圈地"划分，逐层击破

有了体系框架，接下来就要"圈地"划分，梳理采购层次与顺序。按照以往惯例，M集团（中国）公司的管理改革基本上是由财务部门牵头做出模子→局部试点→全面推广。所以，本次的集中采购，我们先从非生产型采购开始设计，然后再进行产品的集中采购。

非生产型采购涵盖了哪些内容呢？从实战执行效果的角度，我们按操作难易程度把非生产型采购做了一个归类，如图3-15所示。

- 第一类：行政类采购；比如机票、饭店、电话费、房租、办公用品、装修、家具、运费、设备的修理及维护等，这类采购可操作性相对比较强。
- 第二类：市场/销售类采购；比如市场活动、会议、团体旅行、礼品、印刷（包括大宗的企业介绍、产品介绍、企业宣传等），这类采购操作的难度比第一类要大。
- 第三类：IT设备、人力资源培训等其他类采购，这类采购操作的难度比第二类还要大。

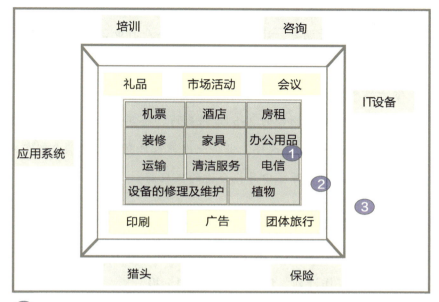

图 3-15 非生产型采购类别划分

实操中采用先易后难的策略,先整合第一类的集中采购,实施成功后,再去整合第二类、第三类的集中采购,这样便于规划的成功落地。

策略三:甄选供应商,建立供应商资源库。

供应商选择是集中采购流程中最重要的一个环节,成功选择供应商是创造所有价值的基础。

选择的过程必须是严格的,需要将企业的需求和供应商的能力进行匹配分析,这包括以下几点。

(1)要求待选的供应商递交资质证明、过去三年的财务报表及其他相关资料;

（2）去供应商企业现场参观、访问；

（3）做供应商背景调查，比如给它的合作企业打电话，了解合作的满意度；

（4）给供应商打分，进行定性、定量分析；

（5）筛选与企业要求吻合的 2~5 家供应商，将其纳入企业的采购商资源库（vender pool）。这样，当企业内部客户有需求时，内部客户可以自行去采购商资源库中寻找合适的供应商。

第五步：制订重点工作计划

重点行动计划如图 3-16 所示，我们做规划时是按月列示的，但在执行过程中，会有到日的工作计划，每日跟踪，每周汇报。

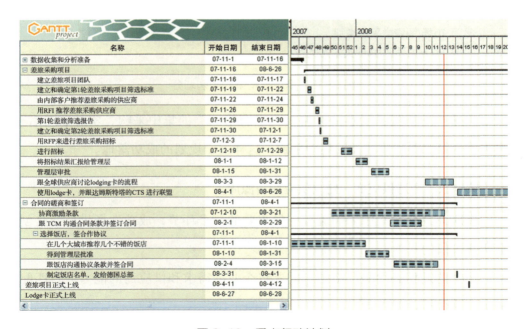

图 3-16　重点行动计划

第六步：计算资源需求

资源需求有三个，如图 3-17 所示。

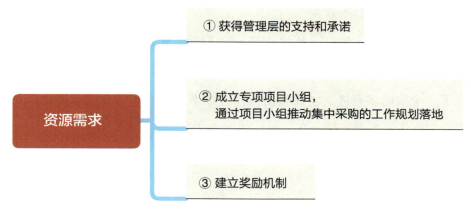

图 3-17　资源需求

需求一：获得管理层的支持和承诺

没有管理层的支持和承诺，就没有带头人，管理改革多数就会以失败而告终。

需求二：成立专项项目小组，通过项目小组推动集中采购的工作规划落地

项目小组是集中采购的具体实施部门，因此进行集中采购首先要成立项目小组。业务需求部门、财务部门、内审部门等都要指定人员参加项目小组，并参与采购过程，共同制定团队合作章程及沟通计划，达成共识，进行供应商的评估、选择，这样才能确保采购过程的公平性、公正性和透明性。

需求三：建立奖励机制

采购过程既会涉及权、钱、利的诱惑，也会遭遇打击报复，这对工作人员是一大考验。建立合理的奖励机制，对在工作中做出突出贡献的工作人员给予物质和精神奖励，使工作人员有强烈的成就感和归属感，为自己做出的卓有成效感到骄傲。

实施采购规划后的效益

集中采购规划实施后，效益显著，除了降低 M 集团（中国）公司的采购成本，提升盈利能力外，还努力使 M 集团（中国）公司、供应商和员工三方形成了一个战略多赢体，将质量的提高、成本的节约、运营的卓越化以及多赢的合作伙伴关系有机结合在一起，如图 3-18 所示。

图 3-18　战略多赢体

具体来说，我们的收益体现在以下四个方面：

（1）成本管理

在 M 集团（中国）公司，我们通过实施集中采购，有效地降低了运营成本：在一年左右的时间里，降低了 1000 万元以上的采购成本（占总采购价值的 6%），提升了息税前利润 4.2%。

（2）质量管理

企业采购的产品和服务满足了客户对品质、性能、服务质量的需求，极大地提升了客户满意度。

（3）运营管理

在这场一年左右的"战争"中，我们从"零"搭建起了一系列运营管理体系（比如：供应商的评估与选择体系、供应商绩效管理体系、合同管理体系、采购管理体系和采购内控体系），使得集团的采购管理更加规范，极大地减少了浪费，提升了企业对外的形象。

（4）关系管理

我们为 M 集团（中国）公司建立了一支训练有素的职业化的采购管理团队；与供应商的合作关系从原先的简单买卖关系发展成为战略合作伙伴关系，在企业、供应商和员工之间形成了战略多赢体。

环节三：预算编制与审批下达

预算编制与审批下达环节如图 3-19 所示。

1. 主要交付成果

企业年度预算终稿。

2. 企业主要关注点

用预算将公司目标、部门目标和规划直观地表达出来，在规定的时间内按质、按量完成企业年度预算终稿。

图 3-19 预算编制与审批下达环节

3. 部门价值主张

在预算编制及审批下达环节,业务部门的关注点始终围绕着如何按质、按量完成企业要求的年度预算终稿,以 F 公司为例。

↘ 实战范本 3-13　业务部门在预算编制中的价值主张

F 公司销售和市场部门在预算编制阶段提出以下价值主张。

(1) 业务目标、计划和活动如何被量化?
(2) 预算编制的流程和时间点是什么?
(3) 销售与市场等业务部门的预算编制依据是什么?
(4) 预算编制需要使用什么样的模板?如何使用这些模版?
(5) 预算审批的标准是什么?
(6) 新财年开始对业务部门发布的目标和内容是什么?

4. 关键行动(附实战范本)

在预算编制与审批下达环节中,企业需要开展 10 项关键行动:

关键行动一:制定并发布预算编制内容

↘ 实战范本 3-14　各责任中心的预算编制内容

某公司发布了 2013 年各责任中心的预算编制内容,如表 3-6 所示。

表 3-6　各责任中心的预算编制内容

责任中心	编制单位	预算编制内容
费用中心 (集团总部)	总部行政部门	固定资产预算、办公用品预算、本部门费用预算
	总部财务部门	总部财务费用预算、集团财务预算(预算资产负债表、预算利润表、现金预算)、融资预算、本部门费用预算

（续）

责任中心	编制单位	预算编制内容
费用中心 （集团总部）	总部人力资源部	总部薪酬预算、培训预算、招聘费用预算、本部门费用预算
	BD投资部	总部投资支出预算、投资收益预算、本部门费用预算
	其他职能部门	本部门费用预算
利润中心	各子公司	子公司自身业务预算、财务预算、资本项目预算

关键行动二：制定详细的预算编制流程以及职责说明

公司详细的预算编制流程，每一年可能是一样的，也可能是不一样的，不管是否有变化，每年都应该召开全面预算启动会，并在会上公示预算编制流程和各责任主体在预算编制中的职责。

关键行动三：制定并发布预算编制原则

↘ 实战范本 3-15　预算编制应谨遵六项原则

某公司在2020年9月启动2021年全面预算管理，在预算编制阶段制定并发布了预算编制的六项原则。

① 谁控制、谁预算；谁受益，谁承担；

② 重点保障研发投入；

③ 各部门费用管理采用"总盘控制"原则，除研发投入外，其他费用应保证人均费用不超过2020财年水平；

④ 2021财年将新增现金流、资产负债关键指标预算；

⑤ 财务部是公司预算的总牵头部门，涉及专项预算由公司专项管理部门负责，比如薪资费用由人力资源部门负责，IT费用由IT部门负责等；

⑥ 公司将"预算准确性"纳入部门绩效考核内容中。

关键行动四：制定并发布预算编制指导思想

↘ 实战范本 3-16　用好指导思想，编好预算

某公司启动 2021 年全面预算项目时，在预算编制阶段制定并发布了新财年的预算编制指导思想。

第一，将公司 2021 年费用项目分成 A 类和 B 类。

- A 类费用：由各部门直接支出且直接控制的费用，比如市场促销费用，财务审计费等；
- B 类费用：具有统一的费用标准，与部门人员编制直接相关的费用，比如差旅费、电话费、餐费、培训费等。

第二，各部门编制预算时，需要参考"各费用项目预算原则及依据指南"，指南中明确规定了 A 类和 B 类费用的编制要求及参考依据。

- A 类费用：参考预算编制指南，根据实际业务需求编制；
- B 类费用：预算的编制由专项管理部门给出相关标准，由各部门编制上报。

关键行动五：制定并发布预算指标编制依据

↘ 实战范本 3-17　业务收支预算的编制依据是什么

某公司发布了预算编制依据，以业务收支预算为例。

业务收支预算包括业务收入预算和业务成本预算等，业务收支预算主要依据市场预测编制。

市场预测应考虑以下七个要素:

①企业历史销售量;

②企业未完成的订单;

③企业的产品定价策略;

④企业的营销计划;

⑤企业的市场份额;

⑥企业所处行业的经济环境,包括对全行业司类产品的销售预计,以及行业内部的竞争态势;

⑦企业所处的宏观经济环境,包括利率水平以及对可支配收入和国民生产总值、就业率和物价水平的预测。

↘ 实战范本 3-18　费用预算的编制依据是什么

H 公司明确规定,费用预算本着节约高效的原则,坚持全部费用支出预算必须详细、合理且有据可依。

①　费用预算必须详细、合理

公司费用支出预算必须科学、详细,禁止超标准和模糊的预算编制行为。

公司各部门费用总预算额与当年预计利润比率不能超过上一年度部门总费用与上一年度利润比率。超过比率时,各部门自行调减相关单项科目预算额度;新增部门费用额度必须有足够且有效的支撑文件。

②　费用预算必须有据可依

公司费用预算要依据相关合同/协议的约定进行计算,根据费用发生的时间编制利润表,根据费用的支付时间编制现金流量表,文件支持将会作为审核预算的依据。

H公司在全公司范围内发布了费用预算编制依据，如表3-7所示。

表3-7 费用预算的编制要求

费用项目	预算编制依据	支持文件
房屋租金	按租赁合同约定	租金合同
公司财产保险	按保险合同约定	保险合同
人工费用	（1）人数：根据人力资源部门发布的人员配置要求计算	公司公布的组织架构图
	（2）工资：根据员工聘用合同计算	员工聘用协议
	（3）奖金：根据公司奖金政策和在人力资源部门备案的员工绩效考核表计算	员工绩效考核表
	（4）保险：根据国家法定的福利政策和公司的福利制度计算	参考国家相关法律规定、公司人力资源制度
会议费用	编制会议费用预算，必须标注： （1）会议目的 （2）会议地点 （3）会议日程表 （4）食宿标准 （5）参会人数 （6）参会天数	以××的价格为参考标准
公司运输费用	编制运费预算，以汽油单价、运行里程为编制依据，汇总计算出的总运费要在去年油价基础上上调10%，以备油价再次上涨造成预算紧张	劳务协议，公示的油价和行车记录

↘ 实战范本3-19 "会议费"预算的编制标准

某公司发布了费用预算编制要求，以"会议费"为例。

① 会议费定义：公司自行组织及参加外单位举办的会议时发生的费用，包括场租费、住宿费、餐费、娱乐费、礼品费和差旅费等。

② 会议费预算编制标准，如表3-8所示。

表 3-8 某公司"会议费"预算编制标准

项目费用	项目标准			
	一般会议	培训	用户研讨会	答谢晚会、签约仪式、酒会、顾问会、理事会
长租费用	20人以下500元/天；20~50人1000元/天；50人以上1500元/天	20人以下1000元/天；20人以上1500元/天	20人以下2000元/天；20人以上3000元/天	20人以下2000元/天；20人以上3000元/天
布展费	20人以内无布展费；20人以上500元/次	20人以内500元/次；20~50人1000元/次；50人以上1500元/次	20人以内1000元/次；20~50人2000元/次；50人以上3000元/次	50人以内5000元/次；50人以上8000元/次
餐费	80元/人·天	100元/人·天	130元/人·天	200元/人·天
住宿费	100元/人·天	130元/人·天	200元/人·天	300元/人·天
资料费	30元/人·天	40元/人·天	70元/人·天	70元/人·天
娱乐费	80元/人·天	100元/人·天	100元/人·天	180元/人·天
礼品费	/	50元/人·天	100元/人·天	160元/人·天
其他不可预见支出	不超过总费用的5%			

③会议费的预算编制要求及依据。

- 公司员工必须填写会议费预算表，并在规定时间内报公司财务管理部审核；
- 会议费用预算原则：谁组织会议，谁进行预算；谁受益，谁承担；
- 会议费用参考依据：会议费用预算必须附上相关支持文件，比如商务会议目的及计划表、商务活动目的及计划表、培训的目的及计划表，会议、培训或活动与公司效益的关联说明等。

关键行动六：更新优化预算编制套表

公司预算小组需要牵头设计预算编制套表，套表在正式下发前，预算小组成员需要与公司各个部门的预算对接人沟通并讨论预算编制套表的可操作性，根据他们的反馈意见进行优化、调整，然后再正式下发预算编制套表。这个动作至关重要，不能省略，否则会由于前期沟通不充足、不到位，激发冲突和矛盾。

↘ 实战范本 3-20　预算编制套表样式

某公司发布了更新的预算编制套表，在每张表上都清晰标注了填写规则，并做了填写示范，如表 3-9 所示。

表 3-9　预算编制套表样本

关键行动七：制定详细的预算填报设计方案

公司需要制定详细的预算填报方案，帮助所有参与到预算工作中的人员有"法"可依，提高预算效率，少走弯路。

↘ 实战范本 3-21　预算填报的详细设计方案

T集团在2010年发布了预算填报方案，内容如图3-20所示。

图 3-20　预算填报的详细设计方案

关键行动八：组织预算填报培训和预算编制的现场指导

公司在正式下发预算填报模板之前，预算小组或财务部门要先对预算的模板进行测试，从而提升预算模板与业务特点的匹配度。

根据以往的实操体会，预算填报模板要根据公司业务特点进行定制化设计，然后在几个核心部门内部逐一进行测试，根据测试反馈再优化调整，之后再把模板正式下发给各个部门，并组织预算模板填报培训。培训的内容包括：预算编制的假定前提、考虑要素、如何填表格和预算编制的注意事项等。

关键行动九：汇总所有责任中心上交的报表，审核以及质询

关键行动十：编写预算管理操作手册

预算操作手册既是为企业基层预算管理与操作人员提供的预算操作工具，也是用来指导各部门正确编制预算的作业指导书，是企业预算管理最终得以实施的保障。

↘ 实战范本 3-22　全面预算指导作业书的 12 个要点

为了加强预算管理，提高预算编制效率和准确性，T 集团管理会计部门编写了《全面预算管理操作指导书》，其内容涵盖了以下 12 个要点：

①公司未来的战略和目标；

②公司将采取的主要措施；

③公司预算执行报告体系和流程；

④预算编制的框架；

⑤预算编制的工具介绍；

⑥预算编制的时间表；

⑦预算的批准程序；

⑧预算指标以及指标选取方法；

⑨预算管理各环节的注意事项;

⑩预算科目使用说明,包括科目定义、计算公式和编制方法说明;

⑪预算编制套表模板以及模板使用说明;

⑫模板维护更新说明。

5. 主要输入

(1) 公司新的组织架构图;

(2) 各部门年度计划书;

(3) 公司及部门绩效考核指标;

(4) 预算编制套表模板。

6. 常见问题

(1) 预算编制以财务部门为主,业务部门参与度很低;

(2) 预算编制原则方法不明确;

(3) 部门之间的预算缺乏协调性和逻辑性;

(4) 预算编制脱离实际,预算没有经过有效的审批;

(5) 预算分解不具体、预算责任主体不明确;

(6) 年度预算没有细分成季度、月度,没有考虑季节的波动性。

(7) 缺乏书面的绩效任务承诺书。

7. 常用的模型/工具

(1) 预算编制套表

(2) 预算编制进度表

8. 牵头人

财务负责人、各部门负责人协同配合

9. 案例解析：职能部门人员配置怎么做

战略决定资源配置，资源配置决定企业的未来。

在经济形势日益复杂多变的今天，企业如何运用资源（人、财、物）比获取资源更加重要。

人员配置的目的是为了配备合适数量的人员去充实组织机构中所规定的各项职务，以保证组织活动的正常进行，进而实现组织的既定目标。因此，在进行组织架构建设和优化过程中，人员配置的分析是非常重要的一环。

企业职能管理部门的人员配置究竟如何做才是最合理的？一直以来，这个话题都是企业实操时的难点。下面以 T 集团为例，详细说明其职能部门人员配置的实践做法。

↘ 实战范本 3-23　职能部门的人员配置怎么做

T 集团案例情景介绍

在实施全面预算管理期间，即搭建组织架构过程中，各个部门为了抢夺资源，都争先打报告向人力资源部门以及集团总裁申请招人。公司如果同意招人，无疑人力成本一路飙升；如果不同意招人，大家又争吵着"事多、人少，任务完不成"；如果同意某些部门招人、某些部门不招人，大家又会认为资源分配不公，并为此打得不可开交，或心生埋怨。

T 集团的解决方案

财务部门联合人力资源部门以及运营管理小组制定人员配置的解决方案，

包括以下内容。

（1）人员编制数量的确定目标；

（2）编制确认的标准；

（3）新增编制的分配原则；

（4）编制增长幅度的规则；

（5）各类部门编制控制的具体参考指标体系。

例如，在T集团，我们把所有的员工按照职能属性归为三类：技术人员、销售人员和职能人员。

- 对于销售人员：我们重点分析和考核的是人均产能、人均费用和人力成本效益；
- 对于技术人员：我们采用"工时"来考核；
- 对于职能人员：我们用"FTE"来衡量。

在此，我重点介绍一下职能部门定编制的标准——"FTE"。"FTE"全称是 Full Time Equivalent，是用来衡量工作量的。比如我们的标准周工作时间为40小时，那么FTE就是1.0；如果你工作20小时，那么FTE就是0.5。

职能部门人员配置的具体作法

我们从以下五个方面来考虑财务人员人数的配置。

（1）不相容职责设置和业务需求；

（2）销售额的大小；

（3）分支机构数量（在T集团，分支机构的数量指的是店面数量）；

（4）收款方式（现销还是赊销）；

（5）账期长短（应收账款是 15 天、30 天还是 45 天）。

经过一段时间对总公司、子公司所有财务人员的工作体验和岗位观察，我与其团队共同设立了财务人员编制数量的确认标准。

- 如果 T 集团的店面收入为 600 万元左右，店面数量在 10 家以下，设 2 名财务人员；
- 如果店面收入在 1000 万元以上，店面数量 10 家以上，设 3 名财务人员；
- 如果店面收入在 1500 万元以上，店面数量 40 家以下，设 4 名财务人员。

实施解决方案后的效益

人员配置是全面预算管理中非常有价值的一个环节，通过上述这种深入细节的分析，我们不仅可以更加科学、合理地进行财务部门的人员配置，做到岗得其人、人得其位、适才适所，实现人力资源与财力资源的有效结合；还为成功实施集团战略规划中人员配置需要何种人才和多少人才做出了有力的决策支持。

环节四：预算执行分析

执行分析环节如图 3-21 所示。

1. 主要交付成果

（1）预算管理制度及流程；

（2）费用控制制度及流程；

图 3-21　预算执行分析环节

（3）经营分析报告及管理建议书；

（4）审计报告。

2. 企业主要关注点

在预算执行分析环节，企业应始终关注如何通过预算执行与分析及早发现企业目标执行过程中的问题，及时纠偏，具体体现在以下两点。

（1）跟踪、分析预算目标和资源的使用情况；

（2）寻找差异的产生原因，落实责任，制定有针对性的解决措施。

3. 部门价值主张

在这个环节，部门的价值主张始终围绕着如何利用预算执行与分析，促进企业战略及预算目标落地。

例如财务部门在预算执行与分析环节可以提出的价值主张是：通过建立一整套体系化的经营分析与预警体系，帮助管理者和业务部门及时发现问题，深度挖掘问题背后深层次的原因，有效支持管理层和业务部门的决策，制定有效的解决方案，及时纠正偏差。

4. 关键行动（附实战范本）

关键行动一：制定一整套预算管理制度及流程

为了支撑预算目标落地，公司需要建立一整套预算管理制度和流程。

↘ 实战范本 3-24　预算管理执行流程图

K 集团在总公司、子公司、分公司之间建立了一整套预算管理流程，包括但不限于：

① 费用控制流程；

② 预算外费用审批流程；

③ 预算调整的制度和流程；

④ 授权审批流程；

⑤ 预算分析与控制流程；

⑥ 滚动预测机制；

⑦绩效考核流程；

⑧奖惩制度。

K集团的预算执行流程，如图3-22所示。

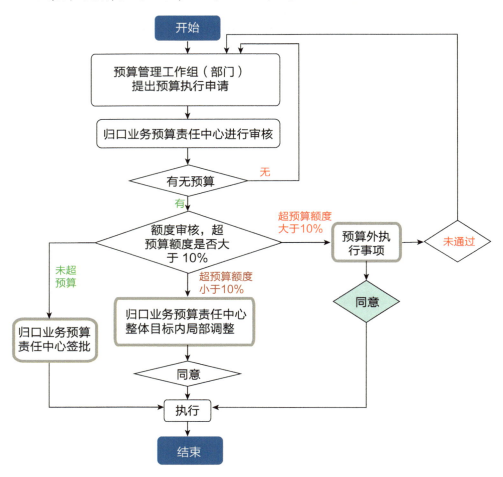

图3-22　预算执行流程

K集团的预算执行监控主要是针对三项费用（销售费用、管理费用、财务费用）和技改工程项目，按照"管活控好"原则确定需要纳入监控范围内的预算项目，凡纳入监控范围内的项目均要严格按以上流程办理申请、审核和批准程序。

关键行动二：制定一套完整的经营分析与预警机制

完整的经营分析与预警机制应该包括以下八大核心要点。

① 确定公司层面的 KPI

↘ 实战范本 3-25　公司层面的 KPI 长相

某公司在推行全面预算阶段，将公司核心管理层关注的重点列为公司层面的 KPI，如图 3-23 所示。

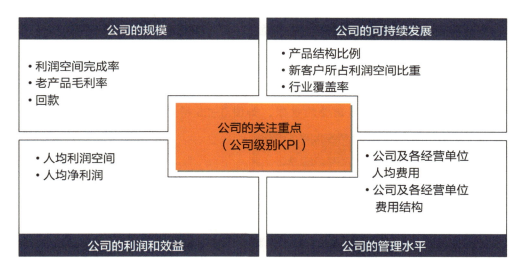

图 3-23　管理层的关注重点

② 对 KPI 进行分解

↘ 实战范本 3-26　为公司种棵 KPI 分解树

某公司的 KPI 分解树如图 3-24 所示。

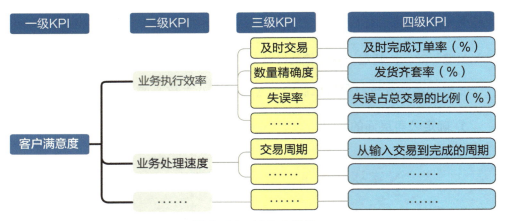

图 3-24 KPI 分解树

③ 制定经营分析与预警步骤

经营分析与预警监控的内容包括经营监控和财务监控两个部分。

↘ 实战范本 3-27 预算执行分析步骤图

某公司的经营分析与预警的步骤，如图 3-25 所示。

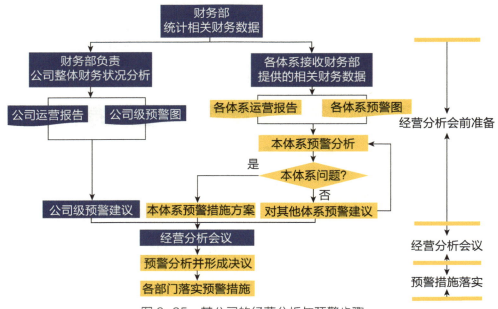

图 3-25 某公司的经营分析与预警步骤

④ 分析数据

↘ **实战范本 3-28　费用预实对比监控表**

某公司的费用预实对比监控表模板，如表 3-10 所示。

表 3-10　费用预实对比监控

		当月			累计			今年总额	余额	偏差程度	原因分析
	总计	实际	预算	与预算比 %	实际	预算	与预算比 %				
其中	猎头费										
	差旅费										
	职工收入										
	业务活动费										
	区域广告、促销费										
	广告费用										
	审计费用										
	房租										
	仓储										
	咨询费										
	培训费										
	交际费										

⑤ 召开经营分析会议

经营分析会的重点在于分析、探讨解决问题的方法和路径、决定行动措施和资源配置，而不是简单汇报或简单算账。

↘ **实战范本 3-29　周、月、季度经营分析与预警会议**

T 集团的经营分析与预警会议，如图 3-26 所示。

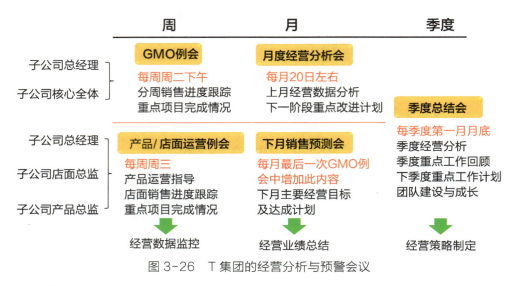

图 3-26 T 集团的经营分析与预警会议

⑥ 定位问题

↘ 实战范本 3-30　公司利润不足怎么办

某公司利润目标未达成，管理会计部门针对利润不足进行了有针对性地分析，具体流程如图 3-27 所示。

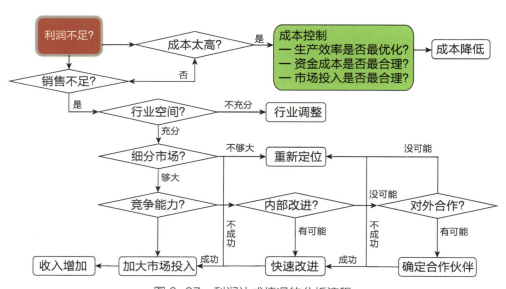

图 3-27　利润达成情况的分析流程

⑦ 确定行动措施、解决问题的责任人和时间点

在数据分析和问题界定后，财务部会将监控结果编制成《管理监控汇总报告》，并联合《财务监控汇总报告》一起提交高层领导，领导会在经营会议上进行审议。

↘ 实战范本 3-31　管理监控汇总报告

某公司的管理监控汇总报告，如表 3-11 所示。

表 3-11　管理监控汇总报告

_____ 月

一、业务计划执行总体评价
□ 超出预期　　　□ 正常　　　□ 低于预期　　　□ 严重偏离
二、业务计划执行中的主要问题
三、问题原因分析
外部原因　　　　　　　　　　　　　内部原因
四、建议对策、责任人、时间点、资源需求

⑧ 监控并进入下一个周期

关键行动三：建立有效会议机制

预算批准后，为了有效支持预算目标落地，公司把所有会议按照战略、管理、运营和项目维度进行分级管理。

↘ 实战范本 3-32　建立预算会议机制，促进战略与预算落地

某集团公司发起了围绕预算目标落地的会议，并建立了一套体系化的会

议管理机制，其中将公司级别的会议分成了两大类：例会和专题会，例会又分成月

表3-12 某集团促进战略和预算目标

会议类型	例会		
	月度		季度
	月度项目会议	月度部门业务运营会议	分（子）公司会议
会议目标	审核项目进度、质量、费用是否达到月度目标；解决项目实施中遇到的重大问题；评估项目风险，协调相关资源；审核下一月度项目计划	追踪各一、二级部门业绩预算达成率 提高各部门P&L的实现程度，解决部门业绩实现过程中的各类关键问题和资源支持	REVIEW 分（子）公司经营业绩 提供资源帮助分（子）司更好的发展 针对分（子）公司做出重大决策
会议发起人	COO +EVP	COO	COO/EVP
与会人员	EVP、CFO、HRD、MAD；运营部、PMO及各相关业务部门	EPS、运营总监+各一级部门负责人,CFO、HRD、MAD	CEO/COO/EVP+ 分（子）公司 GM+CFO+HRD+MA
会议内容	汇报本月度项目（包括研发项目和工程项目，下同）总体完成情况（项目进度、质量、费用是否达到月度目标）、重大偏差及其解决办法；下一月度项目计划、需要资源	P&L 月度 PIPLINE 关键数据达成率分析 关键挑战 需要的帮助 针对月度运营中遇到的问题进行讨论并确定解决方案	分（子）公司业绩的阶达成率 针对分（子）公司阶段大事项的解决方案
信息需求	项目进度、预算完成情况；项目完成率；项目损益表 项目重大问题及解决方案 需要领导解决问题	一级/二级部门的损益表 业务 PIPLINE 的完成进度 月度经营数据预算完成率	重点分（子）公司的财报表 重点专项问题的 PPT

例会、季度例会和年度例会，如表 3-12 所示。

落地的会议管理机制

		年度		各类专题会
业务运营会议 / 季度表彰会	BP 与预算会		誓师大会与表彰会	各类专题会
追踪各一二级部门业绩预算达成率；解决部门业绩实现过程中的各类关键问题和资源支持；季度业绩完成部门表彰和奖励	回顾上一年的成果与不足，制定新一年的方向与目标，并层层分解		加强公司战略方向与年度重点工作的传播 激励先进，表彰优秀	论证方案的可行性和方向的正确性；全集团 / 公司的资源支持
COO 业务会议 EVP 管理回顾 CFO 财务回顾分析	COO+EVP		CEO	专题发起人
公司一级干部	各一级负责人 + 公司预算委员会		占全集团公司 20% 人员名单的核心干部与优秀员工	需要根据具体情况指定
了解整个公司的经营状况 业绩达成的关键挑战与问题 关键行动计划的下达	BP 汇报与审核 BP 审核后发布 预算的确定和发布 按部门落实 BP 和预算		年度工作总结 优秀员工表扬 下一年工作计划和部署	解决问题的方案可行性 安排行动计划解决问题
公司财务报告 PPT 公司运营中重要业务专题报告 PPT 激励表彰事迹	各部门 BP 年度预算要求与董事会目标		新财年公司的战略与方向 集团优秀员工与事例	会议议题、问题及解决问题的 PPT

每次开会前，公司会议召开人都会明确发布会议目的、议题、与会人员的职责、需要提前准备的资料等；会中会有专人主持会议，形成明确结论以及后续行动安排；会后会有专人在48小时内发布会议纪要，并附行动措施、责任人和时间点。

关键行动四：建立审计机制

审计可以帮助管理层发现内控缺陷和管理漏洞，并及时反馈管理层，以帮助公司及时调整管理策略，改善内控缺陷，确保预算目标落到实处。

↘ 实战范本 3-33 内审项目设计图

某集团公司建立了内部审计部门，按项目维度将审计分成例行审计、专项审计和自查，如图3-28所示。

图 3-28 内部审计项目设计

关键行动五：培训

围绕着预算目标落地，公司人力资源部门建立了一整套提升员工核心能力、操作者操作技能的内部培训，以便更好地支持战略落地。

实战范本 3-34　围绕预算目标，建立实战培训体系

某公司发起了围绕预算目标落地的一系列实战培训，如图 3-29 所示。以财务部门培训为例，集团总部为子公司财务团队制订了三类培训计划，目的是提升中基层员工的管理能力、操作技能能力、对业务的深度理解能力，将员工的个人发展规划与企业的战略发展目标进行有效结合。

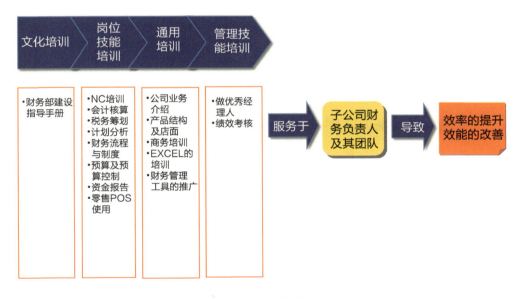

图 3-29　某公司实战培训体系的导入

5. 主要输入

（1）预算管理制度；

（2）预算管理流程。

6. 常见问题

此环节的常见问题是：

（1）不能及时识别问题，不能制定有效的解决方案，没有定期追踪和报告预算执行情况；

（2）预算调整依据不充分、方案不合理，预算调整随意、频繁，预算调整事项偏离企业发展战略和年度财务预算目标；

（3）制定的预算目标以及预算执行方案没有配套的业绩考核机制，导致预算执行不严肃；

（4）没有建立有效的审计职能及机制或者审计发现的问题没有有效的整改和跟踪措施；

（5）没有进行有效的以提升企业运营效率为核心的流程梳理。

7. 常用的模型/工具

（1）管理驾驶舱；

（2）杜邦模型；

（3）雷达图；

（4）红绿灯；

（5）会议纪要模板。

8. 牵头人

财务部门负责人或管理会计中心负责人。

环节五：预算考核评价

考核评价环节如图 3-30 所示。

图 3-30 预算考核评价环节

1. 主要交付成果

考核政策及流程、绩效考核指标库。

2. 企业主要关注点

在预算考核评价环节，企业的关注点始终围绕着如何通过预算考核奖惩，最大化促进企业战略和预算目标落地，具体体现在以下两个方面：

（1）通过实施全面预算管理，切实强化企业内部的人力资源管理，合理确定岗位设置，定员编制，做到精干高效；

（2）通过实施全面预算管理，客观地考核评价员工的业绩，给员工创造晋职、提薪的机会，更好地规划职业发展路径，从而推动预算目标的落地。

3. 部门价值主张

部门价值主张是指如何通过预算考核奖惩，促进企业战略和预算目标落地。具体来说，部门关心如何通过建立一套有效的绩效考核标准和奖惩机制，科学、合理地评价公司、部门、团队和个人的预算执行情况以及资源使用情况，最大化地提升员工为公司创造价值的能力。

4. 关键行动（附实战范本）

关键行动一：建立预算关键绩效考核指标和衡量标准

制定与岗位责任相配套的、透明且合理的全员绩效指标体系，明确各部门和个人的业绩考评标准，将部门运作和公司战略有机地结合在一起。

业绩是经营或管理行为的结果和表现，全面预算管理可以明确并量化企业的经营目标，规范企业的管理控制，因此，绩效考评是预算管理中的重要组成部分。绩效考评的合理性、公正与否对员工的工作方向和努力程度有着直接影响。

实战范本 3-35　副总裁的年度绩效目标任务书

T 集团在全面预算管理阶段建立了一套绩效评价体系，将绩效指标、预算目标和考核评估结合在一起。表 3-13 是该集团一副总裁的年度绩效目标任务书。

表 3-13　T 集团副总裁的绩效考核

年度绩效目标的设定					
姓名：××		职位：集团副总裁		汇报上级：集团总裁	
所辖部门：财务、人力资源、审计、风险管理					
考核周期：××年×月×日~××年×月×日					
类别	序号	关键绩效考核指标	目标	权重	衡量标准
经营目标	1	集团税前净利	累计税前利润 Y=8000 万元	20%	实际 Y=8000 万元，得 100 分。若 Y<5000 万元，得 0 分；净利 >8000 万元的基础上，每增加 500 万元，考核得分增加 5 分；Y 在 5000 万元 ~8000 万元区间，则得分 =Y/8000×100；最高分为 120 分
	2	集团现金周期	22 天	20%	目标为 22 天，每减少 1 天，增加 5 分；每增加 1 天，扣 5 分；实际得分 =22/ 年度平均实际周转天数 ×100 分；实际年度平均现金周转天数超过 26.5 天，则得 0 分；最高分为 120 分
管理目标	1	企业融资	财年内融资 1 亿元	20%	新增融资达到 1 亿元，得 100 分。在尽量减少合作单位同时提升在每家合作单位的信誉度基础上，每增加 1000 万元，加 5 分，上线为 120 分
	2	开源节流方案	10 月底前提出可行的开源节流方案并被批准①	20%	7 月底前组织各副总裁确定预算基础上的执行目标（初步目标总部期间费用 4,000 万元）；10 月底前提出可行的开源节流方案并被批准，得 100 分。年底前在执行目标基础上每节省 1% 加 5 分，上限为 120 分；年底前在执行目标基础上每超支 1% 减 5 分，下限为 80 分

（续）

类别	序号	关键绩效考核指标	目标	权重	衡量标准
管理目标	3	人力资源体系设计	（1）组织与薪酬方案及实施计划7月底通过审批40% （2）文化方案及实施计划8月底通过审批20% （3）培训方案及实施计划8月底通过审批20%	15%	按时通过审批100分（通过审批的衡量标准：在总裁室会议上汇报通过）。每个方案延迟通过1周，扣5分；提前不加分；40%年底请各副总裁就方案实施情况的满意度进行打分，打分结果占60%
	4	核心人才流失率	全公司（包括总+子）的核心员工流失率不高于5%；权重占50%[②] 所负责部门人员年度流失率不高于10%，权重占50%	5%	完成得100分。流失率每高于目标10%，扣5分；流失率每低于目标5%，加5分

注①：开源节流所涉及的范围——仅包含期间费用。

注②：核心员工的界定：总部主管及以上级别人员；子公司经理及以上级别人员。核心员工流失率公式：流失的核心员工数/核心员工总数。

关键行动二：建立联动的考核政策

企业关注什么，就考核什么，企业的痛点是什么，就把与痛点相关的议题列为公司的考核重点，并建立联动的考核政策，以下举例说明。

↘ 实战范本 3-36　加速资金周转，应建立应收账款个人考核政策

某零售连锁集团的痛点是资金周转缓慢，应收账款占压公司大量资金，所以该集团在实施全面预算管理过程中，将"应收账款"列为公司重点关注的关键绩效考核指标。

为了加速公司资金周转，公司建立"应收账款个人考核政策"，通过加大对关键个人的奖惩力度，改善公司的回款状况。

年底，人力资源部门在统计数据时，发现这种做法有效改善了公司的回款状况，降低了应收账款的余额，加速了资金周转，提升了公司净利。

应收账款管理个人考核政策

要求：

赊款销售的有效凭证必须齐全，各店面收银严格把关，总部风险专岗每周对应收账款凭证进行全面检查。

一、总部平台

原则：现款销售，如果有特殊原因，需要赊款销售的，必须经过总经理的确认，个人赊销期限最长不得超出3天，非个人赊款销售最长期限不得超出7天——逾期2天及以上，就会被列入应收账款考核中。

应收账款责任人考核扣款＝列入考核的逾期应收账款×2%，月度扣款上限500元。

*** 如果逾期的应收账款还未全部清除，前期的应收账款考核扣款不返还，必须在逾期账款全部清除后再予以返还；连续2个月内未处理掉，不返还。

*** 如果有逾期账款未清除，不得再做赊款销售。

二、店面

原则：个人客户原则上是现款销售；批发客户，赊销期限不得超出7天，逾期5天及以上，即被列入应收账款个人考核；每个销售员赊销金额上限3万元，超过该上限须请总经理特殊审批。

企业客户赊款销售必须有销售合同，合同约定具体回款时间且须经总经理认可，逾期 15 天及以上，即被列入应收账款个人考核。

应收账款责任人考核扣款 = 列入考核的逾期应收账款 ×2%——月度扣款上限 500 元。

店长对整个店面的应收账款负最终责任。

*** 如果逾期的应收账款还未全部清除，前期的应收账款考核扣款不返还，必须在逾期账款全部清除后再予以返还。

*** 如果有逾期超过 15 天的账款未清除，不得再做赊款销售。

*** 赊款销售无应收账款有效凭证，将对应收账款考核责任人按 50 元 / 单进行处罚。

三、商场店

原则：商场按协议规则结款；每店面应收账款超过合同回款日 10 天，应收款责任人扣款 50 元；不返还；特殊状况由总经理审批。

滞存管理个人考核政策

滞存定义：主营产品入库天数大于 40 天、PC 周边产品入库天数大于 60 天的库存为滞存。

考核：对象为产品经理；当月滞存大于产品线库存的 10%，即扣款 100 元；不返还。

每月月末最后一天作为数据的截止点。

关键行动三：建立联动的薪酬激励机制

按劳取酬、多劳多得的薪酬激励机制可以提升员工工作的积极性，激发员工的创造性。因此，全面预算管理要想落到实处，一定要建立"业务目标—预算—组织绩效—薪酬回报"联动的薪酬激励机制。

以下以销售代表为例。

- 当员工100%完成业务目标时，企业给员工发放全额奖金；
- 当员工超额完成业务目标时，企业给员工发放超额奖金；
- 当员工没有完成业务目标时，企业不给员工发放奖金或者根据目标完成的程度，发放一定金额的奖金。

企业的激励机制由现金奖励和非现金奖励两部分构成。

- 现金奖励又可分为直接现金奖励和间接现金奖励。
- 非现金奖励是指对员工精神上的奖励，如年度杰出员工称号、优秀管理者称号和优秀成果奖等。

↘ 实战范本 3-37　建立超额业绩奖，将公司扭亏为盈

某公司为了激励子公司按期完成总部下达的预算目标，在全面预算管理阶段为子公司总经理建立了奖金与预算目标联动的奖励机制。

该公司的奖金机制如图3-31所示。

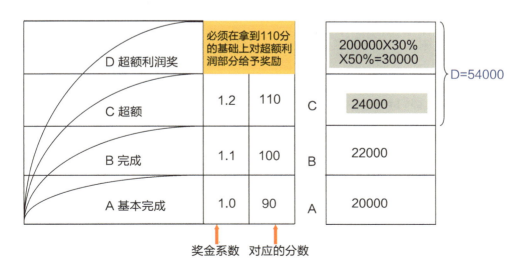

图3-31　某公司的超额业绩奖金图谱

为了方便计算,假定子公司总经理的年度奖金基数为20000元:

① 如果该总经理基本完成业绩,其KPI得分在90分,则该总经理可以拿到的奖金为20000元;

② 如果该总经理完成业绩,其KPI得分为100分,则该总经理可以拿到的奖金为22000元;

③ 如果该总经理超额完成业绩,其KPI得分为110分,则该总经理可以拿到的奖金为24000元;

④ 如果该总经理不仅超额完成业绩,而且还超额完成税前净利,则公司除了奖励超额完成业绩的奖金外,还会从超额利润中拿出30%奖励给总经理及其团队,具体分成比例为50%:50%。假如超额完成的税前净利是200000元,在这种情况下,则该总经理可以拿到的奖金为24000元+30000元=54000元。

该公司实施此种机制后,经过一段时间努力,将一直亏损的子公司扭亏为盈。

5. 主要输入

(1)战略规划报告;

(2)年度部门计划报告;

(3)审批的年度预算终稿;

(4)行业薪资调研报告。

6. 常见问题

(1)预算考核结果不公平、不合理,可能影响企业部门及相关人员的积极性;

（2）预算考核未能总结预算管理经验与教训，未能正确评估各类风险水平和经营形式，可能导致企业无法正确认识并防范各类风险；

（3）考核程序不够公开透明。

7. 常用的模型/工具

平衡计分卡、关键绩效考核指标。

8. 牵头人

由人力资源部门负责人牵头，企业总裁及所有管理者要协同配合。

第三节 预算疑难问题及应对措施

一、常见疑难问题及应对措施

在实践全面预算管理过程中，我发现很多企业会面临一些实操难题，根据同行和学员们的反馈，大家一致认为这些难题处理起来有点头痛，甚至有些学员反馈大有无从下手之感，所以我将这些经常出现的难题进行归纳总结，并附上全球最佳实践经验以及应对措施，希望对大家有所帮助，如表3-14所示。

表 3-14　常见疑难问题及应对措施

预算实操常见难题	问题导致的后果	全球最佳实践	实践该应对之道
战略规划环节 公司内部没有通畅的沟通渠道,员工不了解公司的战略目标,并且员工对战略的实际含义、实现途径存在着不同的理解	(1)由于公司内部没有建立一套系统化、完整和有效的全面预算管理实施计划,使规划和预算结合起来,这会导致战略目标和年度目标不能实现 (2)由于公司目标没有进行细化分解,这会导致很多具体的行动措施与公司的战略构想脱钩,最终导致战略发展目标无法有效落地	(1)最佳实践是公司在预编制开始前就会完成战略目标的制定,这有助于公司管理层从预算管理过程的一开始就将工作计划和企业战略紧密结合 (2)最佳实践是公司制定战略目标以及编制预算过程中认识到沟通在公司制定战略目标以及编制预算过程中具有举足轻重的作用。如果公司员工能了解战略目标是如何定位的,战略实施进程是如何评估的,并能就此贡献自己的观点,员工就会编制出更具针对性的工作计划和预算。这会促进公司的所有预算都支撑着同一个战略方向和目标	(1)公司管理层需要对公司所面临的外部机遇与风险,以及内部资源和能力进行全面考虑,并在开始编制预算前明确公司整体战略实施和公司年度运作计划 (2)通过召开年度员工大会、公司内部媒体(内部网站、刊物)或部门内部会议等形式,就战略目标以及战略与预算的联系在全公司范围内进行充分宣传,并定期举办培训活动,与员工进行关于战略的沟通 (3)通过建立各相关部门间对战略的具体实施进行正式和非正式的沟通,以此加深各部门对公司战略的理解 (4)当公司战略发生变化时,需要及时与公司员工就变化的原因、下一步工作的方向等进行沟通
年度运作计划环节 公司没有通过年度运作计划的形式来细化分解公司定义的战略,没有清晰界定各部门在实现公司战略方面应扮演的角色,对部门的预算编制指导不够明确	年度运作计划是公司战略和预算之间的桥梁,由于缺乏年度运作计划,这会导致公司无法围绕战略目标和职能要求对各业务和职能部门提出明确的工作要求,同时,安排公司资源的合理配置时会比较困难	(1)最佳实践公司会基于公司战略制订详细的年度运作计划,运作机会会跟预算紧密结合,确保预算编制的合理可行,同时会符合业务发展的趋势 (2)最佳实践是公司会合理安排年度运作计划的时点,并将资源进行有效结合。最佳实践公司强调年度运作计划与预算的制订必须基于同一战略前提,避免两者口径不一致以致影响预算的执行	(1)将公司的总体运作计划、年度运作计划、部门运作计划:各业务单元的资源分配建立基于公司年度运作计划的联系:各业务单元、部门运作计划应当基于公司年度运作计划是对战略目标的具体化 (2)建立体系化的"预算启动流程",并在流程中明确公司战略和运作计划的编制过程及时间表

第3章 37个案例告诉你转动预算"魔方"的法则

预算编制环节

1. 公司的年度预算由财务部门牵头，其他部门中层以上的管理者只是负责填写财务部下发的预算表格，上交数字

→ 如果公司中高层管理者不积极参与到全面预算管理的各个实操环节，这会不利于从公司战略的角度来平衡预算所涉及的各个业务和职能领域，无法保证预算的客观性和可行性

→ 最佳实践公司拥有完整的预算管理组织架构，自上而下，分别由不同部门组织来负责相关的预算管理工作。设置完整的预算管理组织架构能够提高公司内各层级对预算编制的参与程度，并能够通过实时的沟通和监督来确保预算的编制严格与业务实际挂钩，保证预算编制的准确性、科学性

（1）建立预算管理三级组织架构

I. 决策机构：由总经理办公会或预算管理委员会承担，主要负责预算编制审核、预算调整审批、预算协调仲裁、预算稽核反馈决策、预算管理政策

II. 常设执行机构：由财务部门来承担，主要负责公司年度预算编制、预算目标分解、预算执行监控、预算调整

III. 执行机构：由各部门和各下属经营单位来承担，主要负责年度预算编制、预算执行、预算调整、预算执行情况分析

（2）在全面预算组织架构中，包括各级预算管理操作手册中设计全面预算管理操作手册中设计各级职责、机构定位、组成部门主要职责、流入/流出表单或信息、相关审批权限

2. 公司内部的预算编制流程虽然建立了，但从流程整体上来看，缺乏条理性和系统性。各部门和基层单位编制部门内部预算的方式相同，部门内部预算编制的过程也存在差异

→ 会导致预算编制效率不高，同时也难以确保预算数据编制的准确性

→ 最佳实践公司具备完善的预算管理运作流程，统一的预算表格及预算编制方法。统一的预算编制方法和预算表格使各部门进行预算传递至财务部门后只需要进行少量调整即可进行汇总。并且根据公司统一方法编制的预算便于公司管理人员进行后续分析，使得预算的编制更符合业务状况，更便利管理层进行经营分析以及决策

**（1）规范预算编制内容、表格体系，包括表格名称、表格来源、数据来源、计算公式、表间关系、复核方法、表单流转顺序、提交流程和审批控制点等

（2）通过统一的预算表格及预算支持表格，每年由财务部协调，各业务部门预算支持表格实用性设计/优化，对预算表格及预算支持表格进行规范，并进行表格实用性测试以及表格使用的培训。确保预算表格的合理性和可操作性

（3）预算审核部门提供的支持文件和其他相关部门预算、稽核数据的勾稽关系，预算前提和假设的真实性**

（续）

预算实操常见难题	问题导致的后果	全球最佳实践	实践谈应对之道
预算编制环节	3.（1）公司缺乏以业务为导向的预算编制表格，会计科目出发的预算表格作为部门预算数据制作的科目汇总表格，业务部门对其理解存在偏差 （2）预算表格、预算制度、预算编制方法方面的系统性培训不足。造成预算人员对预算表格的理解存在差异；预算数据相粗不均	降低了预算数据的准确性和预算控制作用	最佳实践公司通常会为预算编制部门准备标准化的预算表格样式和编制指导原则，并通过预算支持表格对重要收支项目的编制方法进行一定的规范，编制时还包括一份预算用语的词汇解释。另外，最佳实践公司还会为预算编制部门举办以上述内容的预算管理培训，使公司各级预算编制人员充分理解预算编制的要点，达成理解上的共识，确保预算编制的准确性和高效	（1）跟业务部门相关人员一起，针对各项收入和各项主要成本费用设计明细的估算表格，以及用于规范各项预算支持表格，业务角度出发进行各项预算数据的预测，并附上预算编制说明，对预算指标中涉及的各会计科目内容进行解释 （2）在正式下达预算编制前，组织相关人员进行预算编制培训，包括预算表格的填写说明、预算制度的规定、预算假设前提和重点项目的考虑因素、预算流程等，确保预算编制的质量
预算执行监控环节	会计体系依然沿用手工核算的方式，这样无法做到从业务活动的角度未统计费用发生额	由于无法以单项业务活动为单位控制费用的发生额，所以会造成费用控制的盲点	（1）应在组织内部选取有效方式传递预算控制的信息，以使管理人员能够更有效率地做出决策 （2）完善预算体系对业务、财务、管理到管理人员对相关信息的需求	（1）利用信息技术，对会计科目进行细分，反映同一科目中不同业务内容的发生情况，以便从业务活动口径对科目的发生额进行监控统计分析 （2）针对各项支持表格，按明细的业务活动进行费用预算

第3章　37个案例告诉你转动预算"魔方"的法则

环节	问题	后果	最佳实践
预算考核评估环节	1. 公司未完全把预算的编制和执行情况纳入考核体系，并未与薪酬机制进行结合。没有真正追溯预算的合理性及必要性，对超预算和上报预算不执行等情况没有采取奖惩措施	会导致预算编制和执行不统一，未能充分发挥战略指导和业务控制的作用，最终导致预算和执行的"两层皮"现象	最佳实践公司为达到更好地实施战略目的，建立一套完整的绩效考核体系，将预算的编制和执行等环节都纳入绩效考核体系中，按照"奖勤罚懒、奖优罚劣"的原则建立员工的积极奖惩机制，用以充分调动员工的积极性和创造性，追踪预算管理体系执行的有效性和严肃性	（1）在全面预算管理操作手册中，设计与预算编制及预算执行相关的收入、可控成本、可控费用及利润方面的绩效考核指标 （2）对现有绩效考核体系提出关于预算执行情况考核的补充建议 （3）建议将其纳入公司现有的考核体系中与员工奖金分配方案挂钩
	2. 公司对市场部考核收入指标，对财务部考核利润指标。没有将成本费用影响考核至发生单位（预算责任主体），财务部不能对公司的整个成本控制和执行进行控制和考核	考核体系的不公平和不合理会导致公司无法从根源上达到节约成本的目的，不利于提高公司的整体收益管理水平	（1）最佳实践公司会建立合理完善的绩效考核体系，所有的考核指标都支持公司的发展战略和业务发展方向 （2）最佳实践公司会明确属于各个业务单位的可控制因素（如工作安排、网络技术能力、客户服务质量）和不可控因素，并在可控制的范围内制定考核指标用于评估其业绩，确保考核体系的合理性和公正性	（1）明确各预算责任中心定位，以及各责任中心的责权划分，并对各项收入、费用定明确的考核责任主体 （2）各成本中心通过成本考核指标考核其可控成本，各利润中心通过收入和可控成本指标考核其可控收入和可控成本。所谓可控是相对的，不是绝对的，只要预算责任主体对某项目具有重大影响和作用，或者没有该责任比其更具控制力的责任主体，则应认为该项目为此项目可控 （3）完善公司绩效管理体系，去除与业务发展方向相违背的绩效考核指标，确保所有绩效考核指标符合公司战略重点，战略目标和业务发展方向

二、全面预算"点睛"之笔

中国经济增速减缓，市场竞争加剧，大数据、人工智能蓬勃发展，企业结构转型……一个新的经济发展时代已然来临，在这样的背景下，企业既需要思考如何制定清晰的战略目标，获得商业模式上的成功，也需要思考如何通过精细化管理提升企业内部绩效，能够贯穿这中间的最好推手之一就是"管理会计"。全面预算管理作为管理会计体系中最重要以及最常用的方法，正在以它独特的魅力在企业战略－规划－运营－管理－控制中发挥着重要的作用。

有人说："婚姻必须处理好金钱问题，良好的家庭预算方式能成就美满的婚姻。"其实，经营企业跟经营婚姻有着类似之处，良好的全面预算管理是成就企业成功的实用方法和工具。

战略决定生存，执行决定利润。要想通过全面预算管理的实施，促进企业战略的成功落地，必须为全面预算管理注入"灵魂"，即要把全面预算管理纳入企业战略落地管理系统中来考虑，在战略目标的引导下，应始终坚持"四位一体、融合发展"的核心思想，将公司决策层的战略规划、公司经营部门的业务计划、公司财务部门的资源获取及配置和公司人力资源部门的业绩评估结合为一，并整合成有效的公司核心管理模式，支撑战略目标的落地，提升并引领企业的价值。

因此，全面预算管理不是财务部门的预算编制和资金计划，而是将企业战略目标和执行落地连接在一起的纽带，是提升企业价值的重要方法，它需要企业各级管理者的高度重视，通过管理者和员工的努力共创企业美好的未来。

咱们一起努力吧！

第 4 章

全面预算管理的实操步骤：T 集团 3 年收入增长了 36 倍

阅读本章前，建议先思考以下 6 个问题：

① 全面预算如何改变企业命运？
② 企业成功推行全面预算的"六要"是什么？
③ 企业推行全面预算会遇到哪些尴尬事？
④ T 集团究竟做了什么，让全面预算落到了实处？
⑤ "珍珠链"预算管理体系的核心思想是什么？
⑥ T 集团全面预算的实践特点是什么？

你有答案了吗？邀请你继续阅读

第4章 全面预算管理的实操步骤：T集团3年收入增长了36倍

第一节 资金紧、业务方向不清，T集团何去何从

- 一、案例背景介绍
  - 1. 宏观经济形势分析
  - 2. 集团自身情况介绍
- 二、全面预算实施环境：四面楚歌
  - 1. 公司三大挑战
  - 2. 管理层两大困惑
- 三、由T集团案例引出的两大疑问
  - 1. T集团得到了哪些解困建议？
  - 2. T集团如何在夹缝中生存？

第二节 如何让T集团走出"内忧外患"

- 一、脱困建议：推行以战略为导向的全面预算
- 二、实施全面预算管理遭遇的七大尴尬事
- 三、成功推行全面预算的做法：坚持"六要"

第三节 "珍珠链"预算管理体系使T集团转危为安

- 一、好结果源于好设计："珍珠链"预算管理体系隆重登场
- 二、揭开"珍珠链"预算管理体系的面纱
- 三、实操步骤："珍珠链十步走"使预算落到实处
  - 第一步：拟定战略目标
  - 第二步：确定部门坐标
  - 第三步：建立目标模型
  - 第四步：确定实施路径
  - 第五步：搭建组织架构
  - 第六步：落实岗位目标
  - 第七步：健全预警机制
  - 第八步：设立风险防线
  - 第九步：完善议事议程
  - 第十步：评价考核奖惩
- 四、实施全面预算前后效益对比
- 五、"珍珠链"预算管理体系的实践特点

第4章 全面预算管理的实操步骤：T集团3年收入增长了36倍

志英心得

全面预算管理秉承的思想是"四位一体、融合发展"，它将企业决策层的战略规划、经营部门的业务计划、财务部门的资源获取及配置、人力资源部门的业绩考核评价整合成一套综合的且能够贯彻企业战略方针的经营管理机制，它是企业内部控制系统的核心内容。

T集团的解困建议就是实行以战略为导向的全面预算管理，坚持"四位一体、融合发展"，用"珍珠链"预算管理体系构建一套上接战略、中接业务、下接绩效的全过程闭环管理机制，形成一盘棋，扭转企业命运，引领企业前行。

第一节 资金紧、业务方向不清，T集团何去何从

一、案例背景介绍

1. 宏观经济形势分析

民营企业T集团是一家IT零售连锁企业，诞生于2008年7月，在全国各地开4S连锁店，销售IT产品的硬件、软件及服务。

T集团诞生的时期，恰逢美国次贷危机引发全球经济危机，如图4-1所示。2009年又是中国经济发展颇不平静的一年，中国经济在世界金融危机大潮的猛烈冲击下，有些企业一蹶不振，有些企业濒临倒闭。T集团所处的IT行

业更是遭遇了前所未有的寒流，据IT行业权威统计数据显示：2009年IT行业的年销量增长率下滑到了负数。

案例企业诞生的背景——"寒冷"的2008年7月

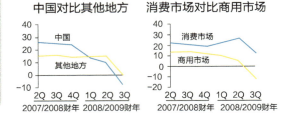

图4-1 T集团诞生的背景情况

资料来源：IDC全球个人电脑市场预测更新

2. 集团自身情况介绍

2009年一个偶然的机会，我走进了T集团，成为该集团的执行副总裁兼CFO。

当时的T集团是一家年销售收入只有4000多万元的新组建的小公司，员工人数近百人，拥有20家经营状况平平的店面。这个规模跟当时的行业大佬相比，不过是个初出茅庐的"小字辈"。

T集团的成长过程十分艰辛，外部市场趋冷导致整个IT零售行业的大变局，弱肉强食的丛林法则永远是行业变局的主旋律，在这波来势汹涌的洗牌浪潮冲击下，公司不仅遭遇了宏观经济层面的不利形势、行业大变局，还经历了内部管理资源严重匮乏，甚至资金链差点崩盘等巨大挑战。而当时的国际、国内宏观经济环境已经不允许 T 集团从容长大，很可能羽翼未丰便夭折了。T 集团当时的境况用"四面楚歌、内忧外患"来形容并不为过，可以说，"死亡"是每天悬在公司头上的一把达摩克利斯之剑。

经过短短 3 年的时间，T 集团通过购并、自建等方式不断扩大规模，截至 2011 年年底，公司当年实现了 15 亿元的销售收入，员工人数增长到 1000 多人，店面数量增加到 250 多家，并且成功跻身中国 IT 零售连锁业的前十强，荣获"最具成长性企业"的称号。

T 集团曾先后两次被百年世界权威财务组织——美国管理会计师协会（简称"IMA"）评为 2010 年度和 2011 年度"财务领域最佳雇主"称号，以表彰 T 集团财务团队在管理会计建设方面所取得的成绩。

T 集团在短短 3 年里取得的这些成绩要归功于管理会计，尤其是全面预算管理的整体规划和有效实施。这项全集团从高层到执行层都非常重视的预算管理机制扭转了公司命运。

二、全面预算实施环境：四面楚歌

1. 公司三大挑战

严峻的宏观经济环境和残酷、激烈的市场竞争局面，使 T 集团面临着很多严峻挑战。我把这些挑战归为三类：

（1）来自于"人"的挑战；

（2）来自于"财"的挑战；

（3）来自于"物"的挑战。具体可参照图 4-2 所示。

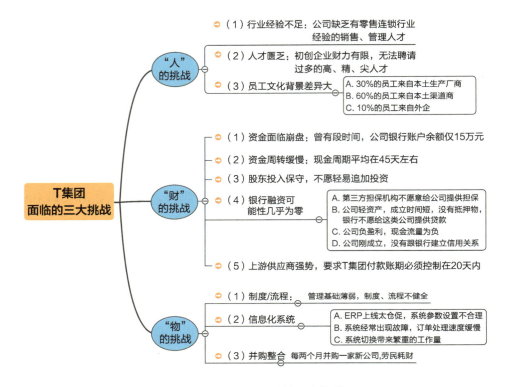

图 4-2 T 集团面临的三大挑战

2. 管理层两大困惑

如何应对这三大挑战，T 集团管理层有很多的困惑，主要体现在对内和对外两大方面。对外体现在如何提升 T 集团母子公司整体竞争优势，如何获得更多资源上；对内体现在如何管理、配置资源上，如图 4-3 所示。

毋庸置疑，这些挑战和困惑时刻威胁着 T 集团的生存和发展。在这一痛苦徘徊的时刻，究竟是头痛医头、脚痛医脚，还是找到一个有效的管理模式来解决集团"长大"和"活久"的问题呢？答案是显而易见的。

第 4 章　全面预算管理的实操步骤：T 集团 3 年收入增长了 36 倍

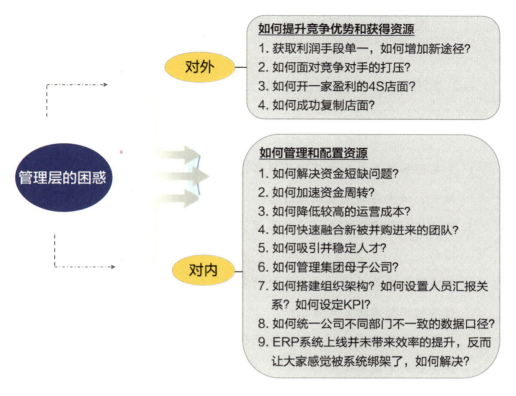

图 4-3　T 集团管理层的困惑

三、由 T 集团案例引出的两大疑问

在现实中，与我们有着类似境遇的企业还有很多。

你一定好奇：

1. T 集团得到了哪些解困建议？
2. T 集团如何在夹缝中生存？

第二节　如何让 T 集团走出"内忧外患"

一、脱困建议：推行以战略为导向的全面预算

在此前激烈的争论中，我们发现了"四个如果"：

1. T 集团如果再不制定清晰的战略目标和愿景，那么就会因目标方向的缺失，使生存和发展成为幻想；
2. T 集团如果再没有良性的业务增长，那么就很难维系公司的正常经营活动；
3. T 集团如果再不建立健全有效的考核评价和激励奖惩机制，那么一切行为的驱动力就不复存在；
4. T 集团如果再不进行合理、规范和先进的财资管理，那么经营就会出现更大的危机和风险。

统一思想后，我提出：能把 T 集团的战略、业务、人力、财务统一在一起的有效管理机制就是全面预算管理。

全面预算管理秉承的思想是"四位一体，融合发展"，也就是说全面预算管理能够将公司决策层的战略规划、经营部门的业务计划、财务部门的资源获取及配置、人力资源部门的业绩考核评价整合成一套综合的且能够贯彻企业战略方针的经营管理机制，它是公司内部控制系统的核心内容，也是管理会计关注的重点内容。

二、实施全面预算管理遭遇的七大尴尬事

按照轻重缓急的原则，我们用方法论梳理了 T 集团实施全面预算管理面

临的问题，如图 4-4 所示。

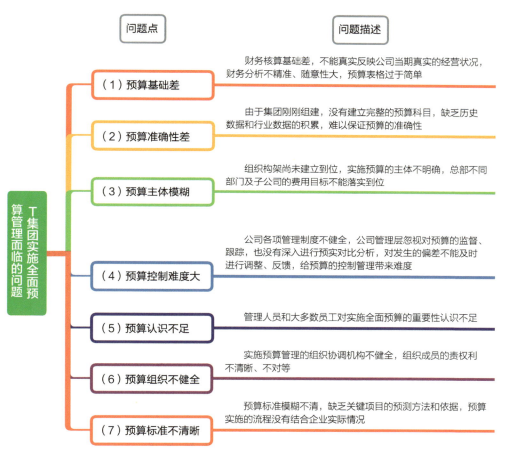

图 4-4　T 集团实施全面预算管理面临的问题

三、成功推行全面预算的做法：坚持"六要"

任何公司要想成功推行全面预算，必须做到"六要"，T 集团也不例外：

1. 前提：要有公司"一把手"的承诺和高度支持；
2. 关键：要有高层管理者和重要骨干深度参与；

3. 起点：要有真实、准确的财务数据和经营数据；

4. 基础：要有健全的预算组织和明确的责任划分；

5. 立足：要有完善的企业管理制度和预算管理流程；

6. 支撑：要有"奖勤罚懒、奖优罚劣"的激励机制。

我们按照"六要"原则，为 T 集团构造了一个适合全面预算落地和成长的实施环境。

第三节 "珍珠链"预算管理体系使 T 集团转危为安

一、好结果源于好设计："珍珠链"预算管理体系隆重登场

T 集团的总裁亲自坐镇，经过几轮跨部门的会议沟通，高层管理者对全面预算管理能为企业带来的价值有了深刻认识——思路决定出路，这无疑是成功推行全面预算管理的必要条件。

好的结果源于好的规划设计，为了达成圆满的结果，在实施全面预算前，我们需要建立一整套切实可行的规划设计方案。于是，我借鉴之前在世界500强美资、德资企业实施全面预算管理的实践经验，结合本土市场情况和管理会计的方法论，深度研究分析了 T 集团的发展战略、行业特点、业务特色和各类资源的占有情况，在充分考虑、采纳团队成员意见的基础上，我为 T 集团量体裁衣，提出并制定了一套土洋结合且落地性很强的"珍珠链"预算管理体系。

二、揭开"珍珠链"预算管理体系的面纱

"珍珠链"预算管理体系采用项目管理的形式进行推进,它的核心思想体现在"战略—业务—财务—人力"的四位一体和融合发展上,十大核心步骤保障全面预算管理的成功实施,促进战略目标落地,助力企业提升价值,如图 4-5 所示。

图 4-5 "珍珠链"预算管理体系十大核心步骤(© 邹志英)

三、实操步骤:"珍珠链十步走"使预算落到实处

第一步:拟定战略目标

根据 T 集团的企业愿景,制定公司未来三年的战略目标。

第一步图解说明

T集团的愿景是成为中国最大、最专业的IT零售和服务连锁企业。根据T集团的愿景，我们为公司制定了三年（2009~2011年）的战略目标，如图4-6所示。

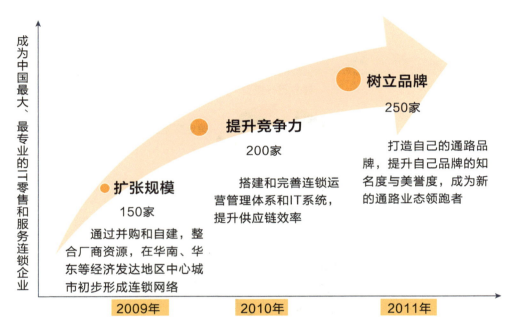

图4-6　T集团未来三年的战略目标

第一年即2009年，属于扩张规模阶段

在这一阶段，T集团的店面数量需要达到150家，通过并购和自建整合厂商资源，在华南、华东等经济发达地区中心城市初步形成连锁网络；计划实现销售收入5.6亿元。

第二年即 2010 年，属于提升竞争力阶段

在这一阶段，T 集团的店面数量需要达到 200 家，搭建和完善连锁运营管理体系和 IT 系统，提升供应链效率；计划实现销售收入 10 亿元。

第三年即 2011 年，属于树立品牌阶段

在这一阶段，T 集团的店面数量需要达到 250 家，打造自己的通路品牌，提升自己品牌的知名度与美誉度，成为新的通路业态领跑者；计划实现销售收入 15 亿元。

第二步：确定部门坐标

确定 T 集团战略目标后，公司一把手需要明确各部门在集团战略地图中的位置和作用，有效地将部门目标与公司目标有机结合在一起，确保全员围绕公司核心目标奔跑起来。

第二步图解说明

围绕 T 集团的战略目标，各个部门负责人会把公司目标转化为本部门目标。在目标分解过程中，同事之间难免会产生不同意见，但我们始终秉持着"一个目标、一个方向、一种声音"的原则，化解执行过程中的矛盾和冲突。部门坐标图如图 4-7 所示。

"上下同欲者胜"——总裁、业务负责人、人力资源负责人和财务负责人，会从 T 集团整体战略规划的角度、业务运营的角度、人力资源的角度和财务管理的角度，提出各自不同的价值主张，确保集团及各子公司利益最大化，最终实现"一个目标，一个团队，一种声音"。

举例说明。

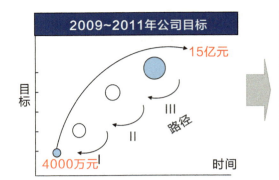

- 公司3~5年的业务方向和业务目标是什么？
- 产品线/业务线/子公司怎样实现既定战略目标？
- 业务计划如何支持公司战略？要达到的业绩目标是什么？
- 衡量指标是什么？

财务与人力资源部门重要关注点

- 公司想要达到的关键业绩指标是什么？公司需要关注的关键能力指标是什么？（人力资源部门）
- 业务目标、计划和活动怎样以数字和定量的形式表达，以支持公司的总体战略目标？（财务部门）
- 根据公司目标及业务规划的要求，人、财、物如何进行有效的配置？（人力资源部门+财务部门）
- 如何针对考核评价的标准和规则设定预警线，进行有效的业绩评价，并提出预警措施？（人力资源部门+财务部门）

图4-7　T集团的部门坐标

↘ 实战范本 4-1　T集团总裁的价值主张模板

T集团的总裁通常会聚焦在以下4个方面：

■ 公司如何做大做强？

■ 公司未来3~5年的战略目标和业务方向是什么？

■ 如何将公司的经营目标转化为每位员工的行动？

■ 如何有效控制战略风险？

↘ 实战范本 4-2　T 集团业务负责人的价值主张模板

T 集团的业务负责人通常会聚焦在以下 4 个方面：
- 存量业务的发展空间在哪里？
- 增量业务如何"增"？
- 业务计划如何与公司的战略部署进行关联？
- 如何有效控制市场和业务风险？

↘ 实战范本 4-3　T 集团人力资源负责人的价值主张模板

T 集团的人力资源负责人通常会聚焦在以下 5 个方面：
- 人力资源如何有效支撑公司战略和业务规划落地？
- 人力资源应该在哪些岗位、哪个时间点为公司不同部门配置合适的人才，支持业务发展？
- 人力资源如何指导业务设定有效的业绩考核评价指标？
- 公司需要关注的关键能力指标是什么？
- 如何有效控制人力资源风险？

↘ 实战范本 4-4　T 集团财务负责人的价值主张模板

T 集团的财务负责人通常会聚焦在以下 5 个方面：
- 财务管理计划如何有效支撑公司战略和业务规划落地？
- 财务应该在哪个时间点、哪条业务线配置财政资源，支撑公司整体发展？
- 财务如何用数字来表达公司的业务目标、经营计划和市场活动之间的关联？

- 财务如何针对考核评价的标准和规则设定预警线，进行有效的业绩评价，并发出预警措施？
- 财务如何有效控制财务风险，尤其是资金链断裂风险？

第三步：建立目标模型

根据 T 集团行业及业务特点，以"平衡计分卡"的四个层面（财务层面、客户层面、组织效率层面和战略执行力层面）目标为核心，为 T 集团绘制动态的战略因果关系地图，确定战略主题和行动方案。

第三步图解说明

模型的好处是可以清晰地描述、衡量、管理企业的战略及风险，T 集团在推行全面预算管理过程中，将公司的战略地图融入"平衡计分卡"中，我将两者合一后的模型称之为"目标模型"。

"平衡计分卡"是由国际管理大师罗伯特·卡普兰创造的，它是一套业绩评价和管理系统，包括四个层面和两套指标。它的工作原理是通过四个相互关联的层面——财务层面、客户层面、组织效率层面和战略执行力层面，全方位地衡量和管理企业经营业绩，它的每一个层面都包括财务指标和非财务指标。

T 集团将战略地图和"平衡计分卡"有机结合在一起，可以更好地保障公司各项工作的长短结合，财务目标和非财务目标的有机结合。我们从财务、客户、内部流程、战略执行四个层面，为公司系统性地构建了战略目标达成体系，保障公司的这场"变革"既不会偏离方向，也不会顾此失彼，在达成短期业绩目标的基础之上，构建公司长期发展的生态系统。

第4章　全面预算管理的实操步骤：T集团3年收入增长了36倍

如图4-8所示，T集团2009年的战略目标是"扩张规模"，基于此，我们形成了两大主题——"增长战略"和"生产力战略"。战略目标立足年度业绩达成，兼顾长期发展，更为核心的是为T集团的每一名员工提供清晰的发展路径。下面我会进行详细说明。

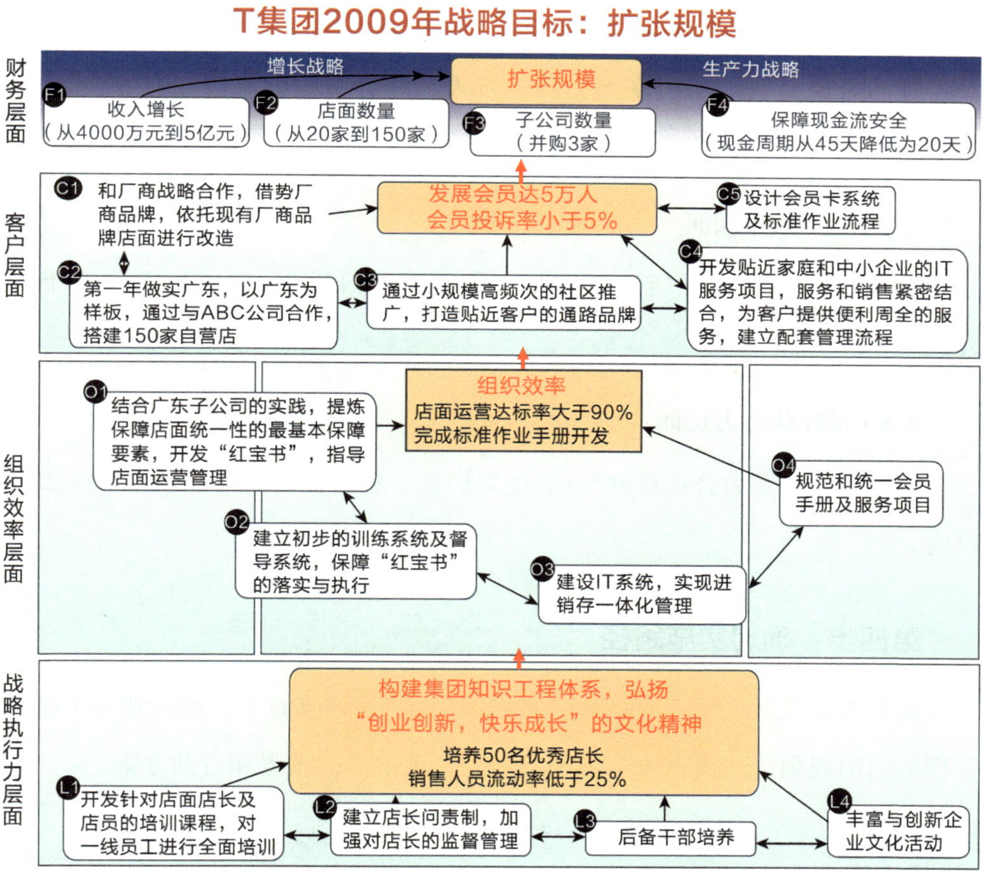

T集团2009年战略目标：扩张规模

财务层面：
- F1 收入增长（从4000万元到5亿元）
- F2 店面数量（从20家到150家）
- F3 子公司数量（并购3家）
- F4 保障现金流安全（现金周期从45天降低为20天）

客户层面：
- C1 和厂商战略合作，借势厂商品牌，依托现有厂商品牌店面进行改造
- C2 第一年做实广东，以广东为样板，通过与ABC公司合作，搭建150家自营店
- C3 通过小规模高频次的社区推广，打造贴近客户的通路品牌
- 发展会员达5万人，会员投诉率小于5%
- C5 设计会员卡系统及标准作业流程
- C4 开发贴近家庭和中小企业的IT服务项目，服务和销售紧密结合，为客户提供便利周全的服务，建立配套管理流程

组织效率层面：
- O1 结合广东子公司的实践，提炼保障店面统一性的最基本保障要素，开发"红宝书"，指导店面运营管理
- O2 建立初步的训练系统及督导系统，保障"红宝书"的落实与执行
- 组织效率：店面运营达标率大于90%，完成标准作业手册开发
- O3 建设IT系统，实现进销存一体化管理
- O4 规范和统一会员手册及服务项目

战略执行力层面：
- 构建集团知识工程体系，弘扬"创业创新，快乐成长"的文化精神
- 培养50名优秀店长，销售人员流动率低于25%
- L1 开发针对店面店长及店员的培训课程，对一线员工进行全面培训
- L2 建立店长问责制，加强对店长的监督管理
- L3 后备干部培养
- L4 丰富与创新企业文化活动

图4-8　T集团的战略"平衡计分卡"（© 邹志英）

（1）财务层面

我们的策略是增加收入、拓展店面数量和降低现金周期。

— 179

具体来说，我们需要将公司的销售收入从 2008 年的 4000 万元提升到 2009 年的 5 亿元，将店面数量从 2008 年的 20 家增加到 2009 年的 150 家，将现金周期从 2008 年的 45 天降低到 2009 年的 20 天。

（2）客户层面

我们的策略是做市场驱动，提高客户体验感，发展亲密的客户关系。

具体来说，我们需要发展会员 5 万人，将会员投诉率控制在 5% 以内，展开与 ABC 公司的战略合作。

（3）组织效率层面

我们的策略是提升店面运营达标率至 90% 以上，完成标准作业手册开发。

（4）战略执行力层面

我们的策略是为公司培养 50 名优秀店长，将销售人员离职率控制在 25% 以内。

第四步：确定实施路径

是指在 T 集团的愿景、使命、战略目标既定的前提下，进行业务／职能管理部门的规划，并定位风险因子，确定资源配置的重点和行动方案。

第四步图解说明

T 集团未来三年的战略目标是提升公司的业务规模，增至 15 亿元，开设 250 家店铺，做大做强店面品牌，在全国家电及 IT 零售连锁行业占据重要地位。

T集团的战略目标要想成功落地,第一年的业务策略就是做实广东,以广东为样板,展开与ABC公司的战略合作,搭建150家自营店,具体的实施路径如图4-9所示。

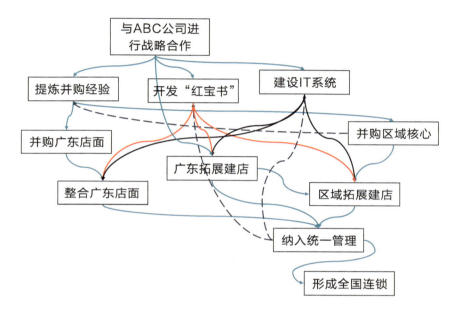

图4-9　T集团实施路径

第五步：搭建组织架构

基于对T集团的战略、业务目标和行动规划的深刻理解,为T集团匹配适合的组织架构,合理分配岗位编制,明确组织中的汇报关系和职责定位。

第五步图解说明

著名经济学家戴尔·麦康基曾说:"有什么样的战略,就应有什么样的组织结构。"

组织架构是集团战略落地的有力保障,即"结构决定行为"。因此,确定合理、适合、科学的组织结构是全面预算管理中的重要步骤。T集团的组织架构如图4-10所示。

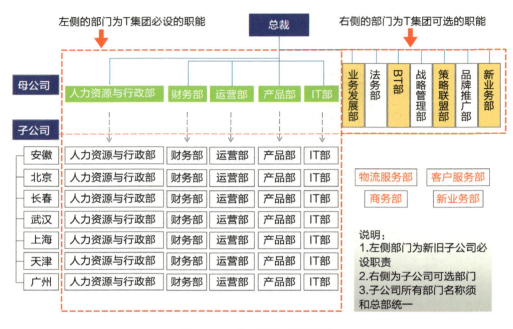

图4-10 T集团的组织架构

T集团的战略目标和业务实施路径确定后，就要重新审视组织架构与战略目标、业务目标的匹配度，然后进行优化调整，在全集团范围内发布新的部门职责说明书，包括组织架构图、汇报关系、部门职责定位等，具体如图4-11所示。预算编制是以新发布的职责说明书为依据进行的。

第六步：落实岗位目标

预算要跟战略目标、KPI指标和激励奖惩机制紧密结合起来，公司战略目标要转化成公司KPI ——→ 部门KPI ——→ 个人岗位KPI。如此一来，可以有效建立KPI目标激励机制，充分调动员工的工作积极性。

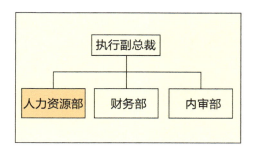

图 4-11 T集团的人力资源部职责说明书

第六步图解说明

业绩是经营或管理行为的结果和表现，预算管理可以明确并量化企业的经营目标，规范企业的管理控制。因此，KPI 的设置是预算管理中的重要组成部分。KPI 的合理性和公正性对员工的工作方向和努力程度有着直接影响。

在做规划的过程中，我跟我的团队将公司战略、KPI、预算和任务进行了关联，如图 4-12 所示。

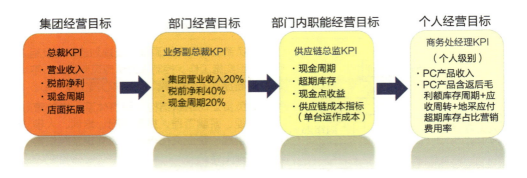

图 4-12　T 集团的 KPI 指标分解

将 T 集团的 KPI 指标分解为公司级别 KPI、部门 KPI、部门内不同班组的 KPI——个人 KPI，并签订个人绩效管理任务书。

小提示：这样做的好处是"千斤重担有人挑，人人头上有指标"。

于是，T 集团的公司绩效形成了公司预算，部门绩效形成了部门预算，个人是公司/部门指标的最终执行者，三者相互作用。

我们的预算会跟绩效奖惩机制和 KPI 有机结合起来。KPI 的制定原则是，"能量化的就量化，不能量化的程序化，不能程序化的行为化。"绩效奖惩会依据团队成员贡献度的大小来定，这样做的好处是，个人利益与集体利益能有效捆绑在一起。

举例说明。

↘ 实战范本 4-5　依据贡献度，给业务团队分奖金

背景：

2009 年，T 集团董事会的关注重点是销售收入的快速增长。

第 4 章　全面预算管理的实操步骤：T 集团 3 年收入增长了 36 倍

** 做法：

为了快速做大收入这块蛋糕，我们将"销售收入"定为这一阶段的激励导向，业务团队完成的销售收入额越大，公司给予的奖励就越多。

比如，当业务团队的销售收入额达到 2700 万元时，我们会按照销售收入的 1.95% 给业务团队发放现金奖励；如果收入额达到 8700 万元时，我们会拿出更高的比例奖给业务团队。团队负责人再依据成员贡献度大小在团队中分配这个比例，这样可以有效地将团队成员的个人利益和公司及团队的利益捆绑在一起，并清晰传递出一个信息：公司收入越高，个人拿到的奖励就越多。

第七步：健全预警机制

为公司建立健全可视化的经营分析与预警体系，对实际经营结果与预算目标偏离的事项能够及时发出预警，制定行动方案，并进行追踪落实。

第七步图解说明

不能衡量就不能科学地管理，更不能科学地决策。

当战略目标制定、预算指标下达后，我们思考的重心就是如何有效执行战略。预算执行监控工作是实现有效预算管理的关键步骤，也是整个全面预算管理工作的核心环节。

在 T 集团，公司大多数中高层管理者都是非财务专业出身，并且没有接受过良好的财务管理训练，大家一致认为财务报表枯燥难懂。然而，没有数据就无法衡量，无法衡量就无法科学地决策和管理。针对管理干部们"不懂报表、不喜数据"的特点，我和我的团队细心研究，使用 EXCEL 表构建了一套专门为公司中高层管理者提供的"一站式"决策支持管理系统，我们称之为可视化的"经营驾驶舱"，如图 4-13 所示。

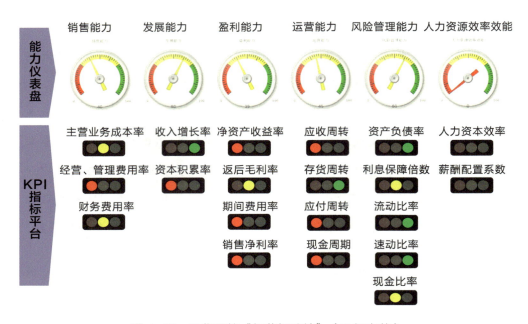

图 4-13 T 集团的"经营驾驶舱"(© 邹志英)

"经营驾驶舱"包含若干个复合指标和基础指标,以仪表盘和红绿灯的形式进行可视化地呈现。可以针对 T 集团内部使用人群的不同特点和需求,提供定制化的经营管理分析报告。具体来说,从产品、业务、客户、市场、项目维度入手,可精准分析公司的规模扩张、效益管理、效能管理、风险控制、人力资本和市场发展情况,总结成功经验和失败教训,帮助公司决策层和经营层实现正确的战略选择和准确的战术执行。

仪表盘上有三个颜色区域:红色、黄色和绿色。红色代表能力指标完成得差;黄色代表能力指标完成的一般;绿色代表能力指标完成的好。这样,业绩可视化、管理可视化和目标可视化就可以通过"经营驾驶舱"上的仪表盘和红绿灯表达出来,一目了然。管理者不用再花费时间去看枯燥的数据,便可以轻松判断公司业务发展的好与坏,风险控制的强与弱,资金准备的充足与否,资金运用的高效与低效,员工工作效率的高与低,等等。

"经营驾驶舱"在投入使用 3 个月后,得到了 T 集团中高层管理者们的高度认可,总裁总结了它带给全集团的四大好处,如图 4-14 所示。

图 4-14　T 集团经营分析与预警体系的好处

T 集团的首席运营官(COO)也公开称赞:"以前是我们业务部门摸着石头过河,领着公司往前跑,现在是'经营驾驶舱'指引我们业务部门科学且理性地往前跑。"

举例说明。

↘ 实战范本 4-6　业绩完成好与差,经理应该做什么

** 疑问:

当"经营驾驶舱"能力仪表盘上的指针分别指向了红色、黄色和绿色区域,这分别代表什么?如何解读?管理者应该采取哪些有效措施,进行查缺补漏?

以"销售能力"仪表盘为例。

** 案例解读：

（1）假设 T 集团销售能力指标的指针指向红色区域

这代表 T 集团的"销售能力"明显不足。

T 集团总部管理层会迅速拉响红色警报，从总部的业务、财务和人力资源部门抽调经验丰富的员工，组成联合运营工作小组，对"销售能力"进行专项分析，深度挖掘销售能力不足的深层次原因，见图 4-15。

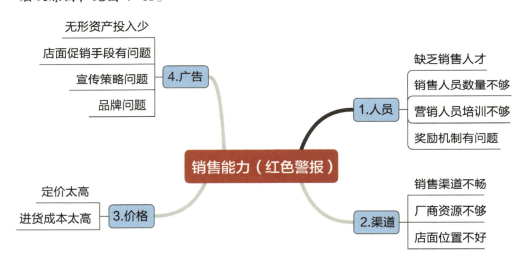

图 4-15 T 集团销售能力驱动因素

当联合运营小组找到了造成销售能力不足的问题后，面对这些问题，我们会做什么？答案是，布置工作＋检查＋报告＝落实。

具体来说，我们会详细审视每一个问题对应的制度、流程和执行人，列表展示出问题产生的原因、改善方向、改善策略和下阶段目标，如表 4-1 所示。然后，部署详细的整改方案，以周为单位进行追踪和报告，直到整改方案彻底完成。

表 4-1 T 集团改善行动报告模板

问题点	原因分析	改善方向	改善策略	下阶段目标

（2）假设 T 集团销售能力指标的指针指向绿色区域

这代表 T 集团的业务团队很好地完成了销售目标，业务拓展能力较强。

具体来说，我们会及时总结销售管理完成好的原因和经验，在总公司、子公司和分公司进行广泛宣传和推广，在公司内部树立标杆榜样，建立"赶、帮、超、比、学"的文化氛围，让更多的业务人员掌握更多的销售话术、经验和技巧，公司还会为业绩完成好的业务团队和有突出表现的业务代表提供有吸引力的现金激励，采取"奖要奖得心花怒放"的激励原则，同时还会给团队和个人提供轮岗、晋升、旅游、培训、职业发展规划等激励措施。

第八步：设立风险防线

若要公司不立于危墙之下，应为公司全方位构建风险管控的防火墙，及时纠正战略规划和预算目标落地过程中出现的各种偏差，降低、规避或转移中高风险。

第八步图解说明

企业在战略发展和经营管理过程中,实际运行轨迹与预算运行轨迹会发生各种偏差,导致目标和结果发生偏离,理想与现实的差距就是风险的体现。

很多公司在发展过程中,很容易陷入"长不大""活不久"的陷阱中,为了如期实现T集团的战略目标,避免其少走错路和弯路,我们的管理会计团队在做全面预算的运作规划时,将内部控制和风险管理的概念嵌入顶层设计中,建立了风险管理宇宙图,如图4-16所示。此外,还明确规定了负责T集团内部控制工作的各责任方,如图4-17所示。

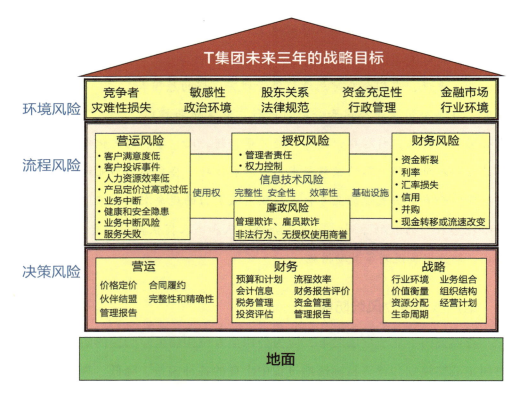

图4-16 T集团的风险管理宇宙图

第 4 章 全面预算管理的实操步骤：T 集团 3 年收入增长了 36 倍

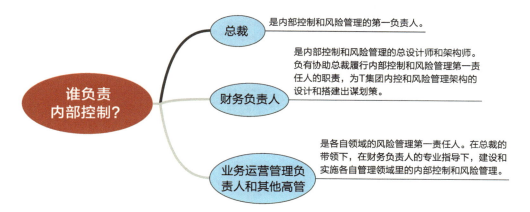

图 4-17 负责 T 集团内部控制工作的各责任方

我们持续不断地为公司全员进行风险管理培训，力争将风险管理的意识融入每名员工的血液中。只有这样，我们在弯道超车时才能尽量避免翻车的悲剧发生。

举例说明。

↘ 实战范本 4-7 T 集团 "攻防合一" 的四道风险防线图及应用方法

为了更好地实现 T 集团做大做强的战略目标，我们采用了 "攻防结合" 的模式，为公司设置了四道风险防线，每道防线都明确规定了直接责任人、风险监管的范围和设置目的，如图 4-18 所示。

第一道防线：直接责任部门为 T 集团的总（子）公司店面运营管理部及店面销售部，这是业务前端的第一层监督。

设置第一道防线的目的：

- 管理、控制、转移、规避公司产品售前和售后环节中的销售风险、客户风险、产品风险、市场风险、财务风险和营运风险等；
- 将风险管理工作最大程度地嵌入业务职能中，做好业务前端风险管理的自我控制。

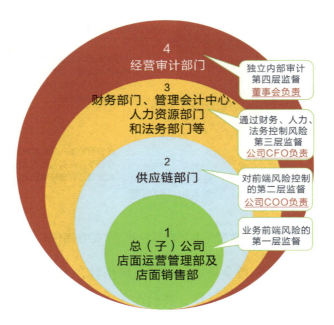

图 4-18 T 集团"攻防合一"的四道风险防线

第二道防线:直接责任部门为 T 集团的供应链部门,直接责任人是公司的 COO(首席运营官),这是业务前端的第二层监督。

设置第二道防线的目的:

- 管理、控制、转移、规避公司供应链环节中的业务风险、财务风险、客户风险、供货风险、产品风险、市场风险、财务风险和营运风险等;

- 将风险管理工作最大程度地嵌入业务职能中,既要做好供应链环节风险管理的自我控制,也要为业务前端看好家。

第三道防线:直接责任部门为 T 集团的财务部门、管理会计中心、法务部门、人力资源部门、行政部门、IT 部门,直接责任人是公司的 CFO(首席财务官),这是公司业务中端的第三层监督。

公司设置第三道防线的良苦用心是，既要将风险管理工作最大程度地嵌入业务职能中，为业务部门风险管理出谋划策，做到未雨绸缪，也要通过监督检查职能管理、控制公司的战略风险、盈利风险、资金风险和营运风险，同时还要做好职能管理部门风险管理的自我控制，聚焦价值创造，帮助T集团顺利实现战略目标。

第四道防线：直接责任部门为T集团的经营审计部门，直接责任人是公司的董事会，这是公司的第四层监督。

设置第四道防线的目的：

- 帮助公司严防死守最后一道大门，负责T集团所有业务和职能部门风险的监督、检查、报告和跟踪等工作；
- 负责公司内部控制和风险管理等专业技术和工具的输出；
- 负责公司年度重大且须跨部门沟通协调的，以及无明确主责部门的风险管理职能。

第九步：完善议事议程

通过有效的会议管理，促进公司战略目标、预算目标的及时落地，会前回顾预算完成情况，会中制定解决方案，会后进行到日的跟踪。

第九步图解说明

T集团会定期召开日、周、月、季、年的例会或专题会议，目的是回顾战略目标的达成情况，看看是否需要做出调整，如表4-2所示。

表 4-2　T 集团的管理层会议指南

	会议类型			
	战略制定	战略回顾	管理运营回顾	业务运营回顾
会议名称	年度战略研讨会	首席营销官（CMO）会议	总经理办公室（GMO）会议	企业商务资源管理系统（BRM）子公司业务运营例会
报告要求	战略图、平衡计分卡、盈利能力报告、战略分析研究、外部环境和竞争对手分析、战略规划报告	战略图和平衡计分卡	关键绩效指标面板，每周财务汇总	关键绩效指标面板，每周财务汇总
会议周期	每年一次	每月一次	每周一次	每周一次
参会人	高管团队、战略负责人，子公司总经理及财务负责人	T集团高管团队	T集团总（子）公司部门总监以上职位	T集团总（子）公司部门总监以上职位
会议重点	基于因果关系分析，产品毛利率、渠道利润率、不断变化的外部环境，以及新技术、新模式发展、检验和调整公司战略	基于因果关系分析，产品毛利率、渠道利润率、不断变化的外部环境，以及新技术、新模式发展、实施战略或检验和调整公司战略	讨论公司存量业务、连锁卖场业务的日常运营，对公司各类经营数据进行分析，快速进行公司跨部门之间事务决策，为 CMO 会议提供理论支持及数据分析支持	子公司当期销售进度及年度重点工作完成情况跟进、汇总重点问题分析并解决，最大限度了解业务状态，支持当期业务达成
会议目标	逐步完善战略或转换战略，制订战略和运营计划，设定战略目标，批准战略行动开支和其他重大权衡性支出	对公司级的重大事务、业务方向、投资策略、文化导向、组织架构、总监以上人事任免和人事调整等重要事项进行讨论和决策	应对短期问题，促进持续改进	确定和解决运营问题（销售下滑、交货延迟、运输问题、仓储保管不善、供应商问题、连锁卖场问题等）

有效会议从流程的维度切割成三个板块：会前、会中和会后，如图 4-19 所示。

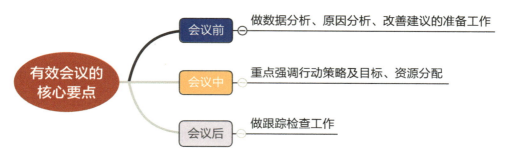

图 4-19　有效会议的核心要点

在 T 集团每周的运营例会上，公司总部高管团队会审视每一个子公司的经营数据，进行预算目标与实际运营结果的比对，包括现金周期、应收账款天数、应收账款余额、应付账款的天数、应付账款余额、存货周转天数、产品库存数量和金额。

接下来，总部联合运营小组会质询每一位子公司总经理为何没有完成预算目标，遇到哪些障碍，需要什么资源，下一步的工作计划和行动方案是什么。

子公司总经理在会上通报下一步的计划、目标、预计的成果、负责人和时间点等，并把承诺写在公司级别的行动方案追踪报告中，以日为单位进行跟踪，以周为单位进行汇报。

所有的会议都要求必须有议题、有结果、有跟踪、有落实。

第十步：评价考核奖惩

通过"奖勤罚懒，奖优罚劣"来激励、保留公司核心骨干和人才。

第十步图解说明

考核评价要公正，奖励惩罚要分明。T 集团的考评奖惩始终围绕着人才的"选–用–育–留–淘汰"来进行。我们始终坚持的用人原则是：认同集团文化+有能力+有业绩+能够带领别人一起进步=T集团所需人才。

在我们设计的绩效评估矩阵图中，横轴代表工作业绩（即产出指标），纵轴代表能力和态度（即投入指标），矩阵图被切割成九宫格，如图4-20所示。

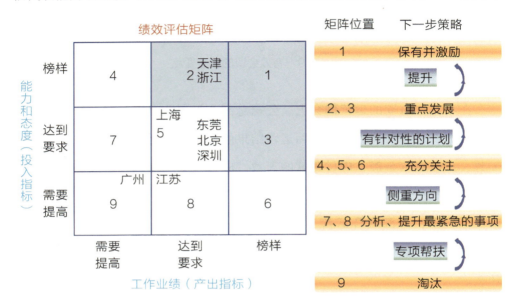

图4-20　T集团的绩效评估矩阵

根据T集团不同团队的业绩完成结果，我们会有针对性地制定奖惩策略。

（1）绩效评估结果处于"格子1"中的团队或个人

这类人群是公司重点保护且重点激励的对象，公司会及时给予他们各种学习、升职的机会和奖励。比如：给予较高比例的加薪权或高额奖金；对于具备升职条件的给予升职奖励；人力资源部门会为其制定个人职业发展规划，提供培训机会；还会给予荣誉或家庭旅游奖励等。

（2）绩效评估结果处于"格子2和3"中的团队或个人

这类人群是公司重点发展的对象，公司会及时给予他们各种学习、升职的机会和奖励。比如：给予优先加薪权或高额奖金；对于具备升职条件的给予升职奖励；人力资源部门会为其制定个人职业发展规划，提供培训机会；还会给予荣誉或个人旅游奖励等。

（3）绩效评估结果处于"格子 4、5 和 6"中的团队或个人

这类人群是公司充分关注的对象，公司会暂停他们的加薪及升职机会，要求他们通过努力工作或改变工作方法提高工作绩效，为他们提供培训、学习、轮换岗位的机会。

（4）绩效评估结果处于"格子 7 和 8"中的团队或个人

这类人群是公司专项帮扶的对象，公司会停止跟他们有关的升职机会以及物质奖励。在绩效考核方面，公司会对他们的要求更加严格，要求他们必须参加为期两周的培训和考试，并每天写心得体会；考试成绩不佳者将被列入观察期，公司会谨慎思量对他们的后续处理方法和步骤。

（5）绩效评估结果处于"格子 9"中的团队或个人

这类人群是公司淘汰的对象。

四、实施全面预算前后效益对比

T 集团通过实施全面预算管理和"珍珠链"预算管理体系强化了内部管理机制，提升了公司综合管控水平。事实证明，一套战略清晰、契合企业实际需要，并被严格执行的全面预算管理机制，可以为企业带来惊人的收益，创造出辉煌的业绩。T 集团实施全面预算管理后，经过短短的三年时间，公司的年销售收入由 2008 年的 4600 万元，猛增到 2011 年的 15 亿元，实现了一年一个台阶的"三级跳"战略目标，并荣获"最具成长性企业"称号，还取得了更多积极的变化，如表 4-3 所示。

表 4-3　T 集团全面预算管理实施前后对比

案例效益		
实施前的 T 集团（2008 年）	改善领域	实施后的 T 集团（2011 年）
收入：4000 万元 店面数量：20 家 子公司数量：1 家 现金流安全状况：不安全，某时期账面资金净额仅有 15 万元	1 战略目标	收入：15 亿元 店面数量：250 家 子公司数量：9 家 现金流安全状况：比较安全
融资规模：0 现金周期：45 天	2 财务收益	融资规模：约 2 亿元（银行 + 战投） 现金周期：20 天，降低一天现金周期增加净利 30 万元
一无名、二无钱、刚起步的小公司	3 行业地位	IT 零售连锁业前十强 财务领域的最佳雇主 荣获"中国最具潜力渠道模式"大奖
跨部门沟通不畅，岗位权责不清 激励机制缺乏，并购后的协同效应较低 决策管理以拍脑袋为主 工作缺乏有效方法论指引，工作效能不高	4 管理效益	跨部门沟通顺畅，岗位权责清晰 并购后的协同效应提升 决策管理有据可依，变得更科学、合理 工作依托有效方法论指引，工作效能提高
无	5 社会效益	T 集团全面预算管理案例在 2012 年获得了中国民营企业十大优秀财务管理案例奖，此案例已在多家知名的大中型企业和高等院校中进行了推广。"珍珠链"预算管理体系这套土洋结合的方法论很受欢迎——实用、独特和系统，已经给很多国内企业实践全面预算带来了借鉴和启迪
财务部门曾经是全集团口碑最差、话语权最低的部门	6 潜在效益	财务部门不仅成为全集团最优秀的部门，还彻底颠覆了 T 集团董事会、管理层、业务部门对财务行业的认知，大家一致认为：财务部门在引领公司一路前行！

友情提示：本章介绍的全面预算管理相关内容是作者独创的"珍珠链"预算管理体系的部分内容。全面预算管理是"珍珠链"预算管理体系的重要内容，也是其中最为重要的一颗"珍珠"。

五、"珍珠链"预算管理体系的实践特点

管理会计和全面预算管理并不是新潮的"神器",T集团实施全面预算管理能够为其带来巨大变化,关键在于在实施过程中找到了能够保障战略目标落地和确保全面预算管理有效实施的实战方法——"珍珠链"预算管理体系。

"珍珠链"预算管理体系的核心是系统化地做好每一件事情,确保事事有目标、事事有承诺、事事有成效、事事不推诿、事事有人盯和事事有考核,如图4-21所示。

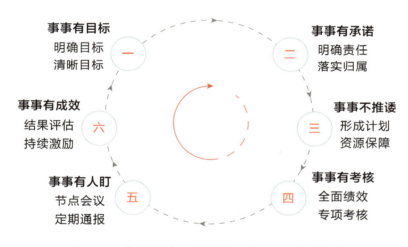

图4-21 "珍珠链"预算管理体系的六大基础逻辑

总而言之,"珍珠链"预算管理体系的基本原理体系化地解决企业战略、业务、人力、财务管理中出现的一系列问题,而不是头痛医头、脚痛医脚,否则企业永远会处于频繁的"放火"与"救火"中。在全面预算实践中,切记要将其充分融入企业的价值链中,为企业量身定制一套可操作的全面预算运作计划。只有这样,全面预算管理才能系统性地解决企业的开源节流、提质增效等痛点问题,扭转企业命运,引领企业一路前行。

第 5 章
外企先进预算管理实践：
"三步走"策略落地预算，
让企业业绩倍增

阅读本章前，建议先思考以下 4 个问题：

① 全面预算如何让 M 集团业绩倍增？

② M 集团推行全面预算遇到了哪些尴尬事？

③ M 集团如何让全面预算落到了实处？

④ M 集团全面预算的实践特点是什么？

你有答案了吗？邀请你继续阅读

第 5 章　外企先进预算管理实践："三步走"策略落地预算，让企业业绩倍增

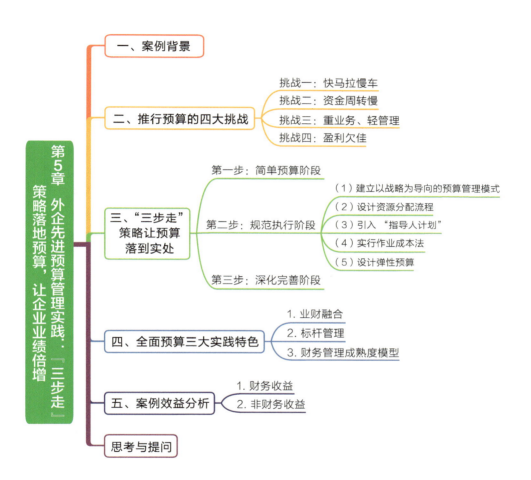

志英心得

在预算实践中,真正将全面预算管理体系运转有效的企业少之又少,原因是国内企业预算实践多从财务视角出发或只关注预算的编制,在执行全面预算管理时又拔苗助长,急于求成,最终导致预算管理与战略、业务、财务、人力资源管理脱节。

M集团(中国)公司的实践做法是采用"三步走"策略,建立以战略为导向的预算模式,设计资源分配流程,引入"指导人计划",实行作业成本法,设计弹性预算,建立情景模型,提升企业管理水平,让全面预算落到实处,为企业提质增效。

一、案例背景

M集团是世界著名的制药巨头,管理一向以精细化、规范化著称,也是国际和国内各大企业竞相学习的标杆之一。

M集团(中国)制药有限公司[以下简称"M集团(中国)公司"]的全面预算管理体系从2005年开始搭建,经过近4年的实践与持续优化,已相当成熟,极大地支撑了M集团(中国)公司,使其每年以50%~80%的增长率增长。

放眼国内,真正将全面预算管理体系运转有效的企业少之又少,原因是国内企业预算实践多从财务视角出发或只关注预算的编制,在执行全面预算管理时又拔苗助长,急于求成,最终导致预算管理与战略、业务、财务、人力资源管理脱节。

下面将重点介绍我和我的团队在实践中是如何用"三步走"策略成功推动了 M 集团(中国)公司的全面预算管理体系建设,希望对拟推行或正在运转全面预算管理体系的企业有所帮助。

二、推行预算的四大挑战

M 集团(中国)公司推行全面预算面临诸多管理挑战,如图 5-1 所示。

Tips M集团(中国)公司的管理挑战关键词:适应变化、管理精细化、资金风险

图 5-1　M 集团(中国)公司推行全面预算面临的管理挑战

全面预算管理涉及内容多、范围广，M集团（中国）公司最初是一家拥有多家跨不同省份分（子）公司的集团企业，在这样的企业中实施全面预算管理，在组织协调与确保有效执行方面面临很大的挑战。

具体来说，M集团（中国）公司面临以下四大挑战：

挑战一：快马拉慢车

M集团海外总部对中国公司提出了高速增长的要求，而中国公司的内部管理尚不能跟上业务的发展速度，薄弱的管理基础甚至会阻碍业务的快速发展。

挑战二：资金周转慢

高速的业务发展对资金的需求量大，公司存货、应收账款占压资金大，中国公司必须提高资金周转速度，监控资金的使用效率。

挑战三：重业务、轻管理

中国公司一向"重业务、轻管理"，管理手段粗放，分散的地域需要更精准到位的管理来提升效率。

挑战四：盈利欠佳

中国公司在过去几年间更加关注收入的增长，忽略盈利质量。为了获取利润，公司需要通过提高运作效率来达到规模效应。

三、"三步走"策略让预算落到实处

我和我的团队在全面预算实践过程中不断总结经验，设计了符合公司特点的全面预算项目实施方案，采用项目管理方式进行推进实施，并不断进行优化改善。

第 5 章　外企先进预算管理实践："三步走"策略落地预算，让企业业绩倍增

M 集团（中国）公司的全面预算管理落地体系经历了三大发展阶段，如图 5-2 所示。

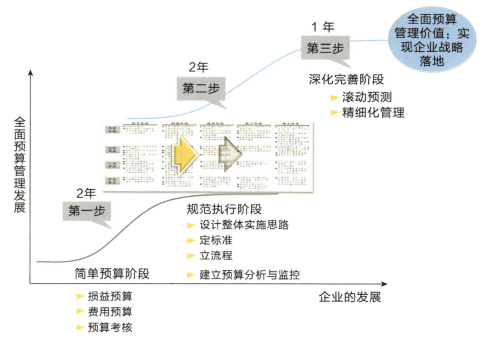

图 5-2　"三步走"策略

第一步：简单预算阶段

此阶段，M 集团（中国）公司员工数量少，分支机构不多，业务量不大，核算相对简单，所以要将预算内容的重点放在损益预算和费用预算上，预算需要跟绩效指标和激励机制紧密结合在一起。具体来说，我们会将激励机制跟经济增加值（EVA）和息税前利润（EBIT）进行关联，使用"平衡计分卡"进行绩效考评。这样做的好处，一是可以提高员工对公司薪酬体系的满意度；二是可以激发员工对工作的积极性和创造性，如图 5-3 所示。

此阶段预算编制面临的问题：做一个多大规模的预算？

图 5-3　简单预算阶段关注点

这一阶段做预算须考虑"门当户对"。企业预算的操作方式需要与企业的规模和当期的发展特点相匹配。

第二步：规范执行阶段

此阶段，M 集团（中国）公司处于快速增长期，外部环境的竞争压力以及业务快速发展的特点要求公司要有一套清晰且可落地的发展战略，公司内部的管理方式和手段需要从粗放式管理向精细化与体系化管理过渡。因此，在这一阶段，我们设计了一整套体系化的全面预算管理实施方案，如图 5-4 所示。

此方案对上要承接企业战略，居中要连接企业价值链的各个环节，对下要落实到流程、表单、责任人、时间点。在实施全面预算管理时，我们采用项目管理模式，做了五件重要事情，如图 5-5 所示。

M集团（中国）公司全面预算管理的整体布局

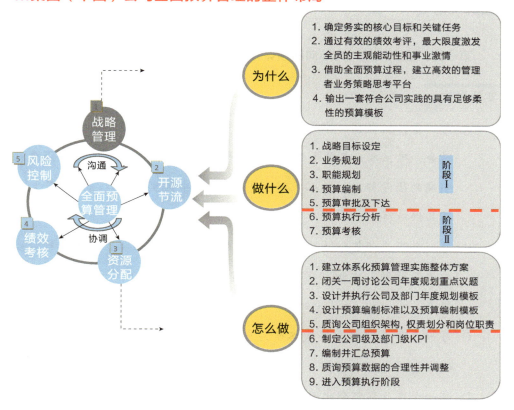

图 5-4 规范执行阶段方案

图 5-5 让预算落到实处的五件重要工作

图解说明 5-5

第一件：建立以战略为导向的预算管理模式

实践做法

A. 每一年，M 集团（中国）公司的每一个事业部都会召开 1~2 次战略研讨会，确立本业务单元未来 5 年的长期计划目标，这一目标必须要有明确的衡量标准。比如：到 2010 年成为中国生殖医疗领域里最大的药品供应商。

B. 每一个事业部都会针对本业务单元的每一个业务目标，形成有针对性的战略行动。比如：在中国南方建设一个新的加工厂，并在 2009 年投产。

C. 每一个事业部都会将战略研讨会的成果转化为公司年度计划流程的输入。

D. 每一个事业部都会比照着"平衡计分卡"的目标，检查本业务单元近期完成的业绩情况，确定业绩提升的优先顺序，制订完成近期目标的行动计划，将上述行动计划转换为简要的预计损益表和预计资产负债表。

E. 公司每年会举行几次会议或全员培训，向全体员工传达公司当前的战略，确保全员围绕共同目标奔跑起来。

公司的预算编制是以发展战略目标为编制原则，以良好的组织架构，明确的职责分工、权限划分和完善的工作流程为基础，采用自上而下、自下而上相结合的方式。这样做的好处是，可以使公司的战略得到更好的贯彻，有助于提高公司整体的绩效管理水平。

第二件：设计资源分配流程

企业内部资源分配上的竞争是不可避免的，为了有效支持企业战略落地，企业必须设计资源分配的程序。

M集团（中国）公司运用过去调研项目收集到的数据资源，按照选择性定价原理为基准设计并实施了一套资源分配方法。此方法整合了经济、财务、统计和计算机等方面的预测，并为M集团（中国）公司制定出适用于高风险、高投资调研和项目发展的评估标准。这种方法可以让公司将关注重点放在项目的实际成本和费用支出上，极大地改善了资金的利用率，能够更清晰地传递企业的战略。

第三件：引入"指导人计划"

公司将项目管理的理念和手段充分应用到全面预算管理中，将战略目标通过预算这条纽带落实到每个利润中心，通过层层分解落实到每位责任人的日常工作计划中，从而加深管理者对企业战略的深刻理解，及时发现企业在经营管理中的问题和缺陷，有助于企业总裁定战略、搭班子、建体系，为公司解决了很多管理难题和痛点。

M集团（中国）公司在推行预算过程中，在总部财务部门下设"项目推进处"，引入了"指导人计划"，建立了到日的跟进机制，这对提升企业整体管理效率和执行力起到了非常关键的作用。

第四件：实行作业成本法

实践做法

准确的成本管理系统是准确制定预算的基础。我们实行了作业成本法管理，收集了 65 项业务活动的成本信息，根据业务量进行划分。通过这一做法，各级管理者掌握了以前无法得到的业务量及成本的信息，可以用来编制预算和监控业绩，这样使预算制定人员得到更高质量的信息，做出更合理的预算，使实际成本和预算成本的关系变得更紧密，成本控制的效果更快、更准确。

第五件：设计弹性预算

弹性预算可以让公司更好地应对市场变化，使预算作为一种管理工具更具可信度。

实践做法

在 M 集团（中国）公司的预算编制过程中，我们对不同的假设情况建立了情景模型，为具有竞争优势的机会预留预算，为辅助预算制定而采取具有弹性的预测技巧。这样事业部和业务部门可以对变化的业务环境做出更快、更准确的反应，减少其对公司整体业绩的影响。最高管理层能增加利益相关者对其的信任，包括供应商、战略伙伴、投资人、雇员和监控者。通过与利益相关者保持策略和战略层面上的沟通，最高管理层可以让他们相信公司的长远目标是可以实现的。

第三步：深化完善阶段

快速的成长、激烈的市场竞争，以及多变的行业及金融环境，促使 M 集团（中国）公司需要进一步提升对环境变化的快速反应能力，滚动预测是实现这一目标的重要工具。在这一阶段，M集团（中国）公司建立并完善了到日的资金预测及计划机制，这为有效实施滚动预测奠定了坚实的基础，如图5-6所示。

经过对前期预算实践的总结，在此阶段对预算管理进行了以下改进

图5-6 深化完善阶段方案

四、全面预算三大实践特色

对比多数企业的预算管理实践，M集团（中国）公司在全面预算实践上走了一条创新路线。具体来说，有以下三方面显著的实践特色。

实践特色一：业财融合

M集团（中国）公司的每一个事业部的业务经理、财务经理都积极参与公司的长期计划编制过程。因此，年度计划不会偏离公司的长期目标，公司的最高管理层依靠各个事业部的业务经理来评估商业机会，取得与M集团

全球总体发展目标吻合的结果。年度计划更贴近现实，只有当公司内外部环境发生重大变化时，预算目标跟企业实际完成的业绩对比才会出现较大偏差。

实践特色二：标杆管理

M集团（中国）公司在实施全面预算管理时，运用标杆管理将自己的产品、服务、管理流程、管理模式等同行业或行业外的领袖企业作比较借鉴、学习他人的先进经验，改善自身不足，旨在提高自身核心竞争力，追赶或超越标杆企业，如图5-7所示。

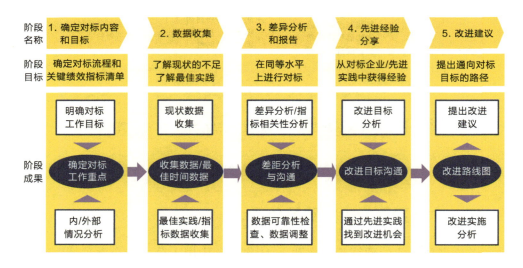

图5-7 标杆管理夯实预算管理基础

实践特色三：财务管理成熟度模型

M集团（中国）公司借鉴财务管理成熟度模型（Maturity Model），对公司的战略管理、业务管理、人力资源管理、财务管理、供应链管理进行全过程考核和评估。在财务管理成熟度评估中，计划和预算管理是其中的重要组成，如图5-8所示。

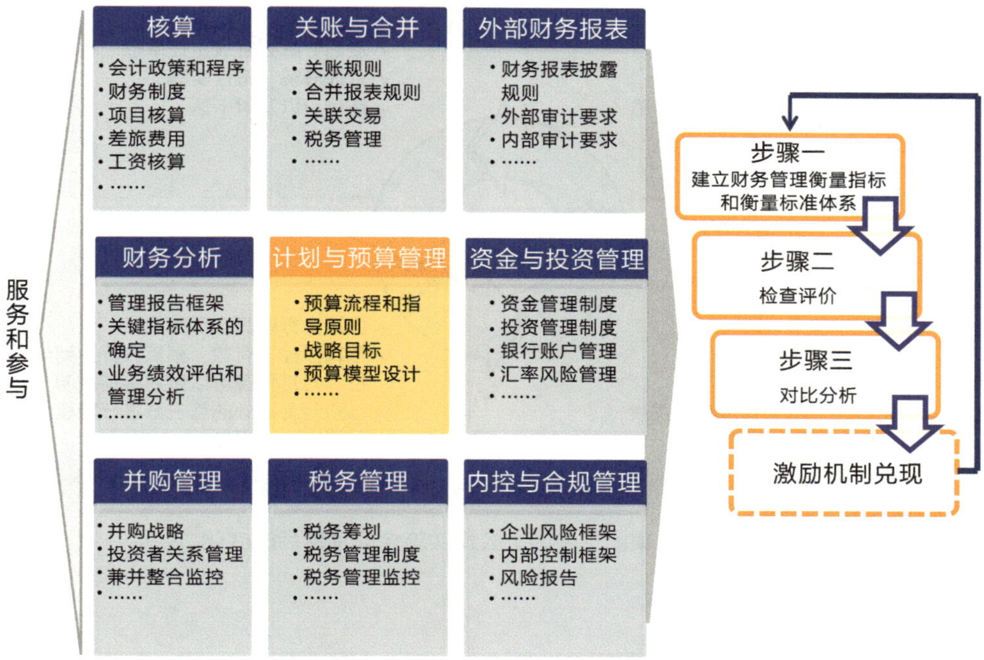

第 5 章 外企先进预算管理实践:"三步走"策略落地预算,让企业业绩倍增

图 5-8 财务管理成熟度模型

五、案例效益分析

M 集团(中国)公司实施全面预算后,发生了很多积极的变化,如图 5-9 所示。

1. 财务收益

经过两年多的努力,M 集团(中国)公司从简单预算阶段成功过渡到全面预算管理阶段,公司的成本费用得到了有效的控制,销售收入在连续 5 年中每年以 50%~80% 的速度进行增长,盈利状况得到了极大改善,人财物等资源配置得到了优化。

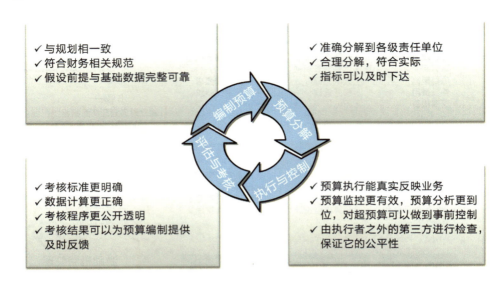

图 5-9　M 集团（中国）公司实施全面预算后的变化

2. 非财务收益

M 集团（中国）公司通过搭建先进的全面预算管理体系，为公司战略规划的成功实施提供了坚实的保障，公司在运营管理上产生了以下八大积极变化。

（1）提升了中高层管理者的战略管理意识；

（2）完善了预算分析与监控机制；

（3）提升了数据的及时性和准确性；

（4）建立了有效的绩效管理机制；

（5）建立了有效的供应链管理机制；

（6）帮助公司优化了人财物的资源配置；

（7）完善了审计监查机制；

（8）建立了费用的事前、事中和事后控制机制等。

第 5 章 外企先进预算管理实践:"三步走"策略落地预算,让企业业绩倍增

> **思考与提问**

1. 以上企业的先进预算管理实践做法对你的企业有哪些借鉴作用?

答案

_____
_____
_____
_____

2. 你的企业有哪些先进的预算管理实践做法值得称道?

答案

_____
_____
_____
_____

第 6 章
实战演练：用预算购车大不同

阅读本章前，建议先思考以下 9 个问题：

- 01 全面预算在购车案例中发挥了哪些作用？
- 02 企业实施全面预算前，是否须对实施环境进行充分评估？
- 03 企业实施全面预算前，是否制定了清晰的战略目标？战略目标的制定是以什么为依据？
- 04 企业实施全面预算前，是否识别了风险因子，制定了风险管理机制？
- 05 企业实施全面预算前，是否进行了业务及职能管理部门的规划？
- 06 预算编制前，企业是否充分考虑了各种数据的假定前提？
- 07 企业实施全面预算前，是否落实了岗位目标与考核指标？
- 08 企业实施全面预算前，是否建立了完整的行动计划与跟踪机制？
- 09 企业实施全面预算前，是否建立了"奖勤罚懒、奖优罚劣"的机制？

你有答案了吗？邀请你继续阅读

第 6 章　实战演练：用预算购车大不同

第 6 章　实战演练：用预算购车大不同

- 一、购车案例背景介绍
- 二、"珍珠链"预算管理体系使购车决策更明智
  - 步骤一：明确购车愿景
  - 步骤二：确定战略目标
  - 步骤三：识别风险因子
  - 步骤四：进行购车分析
  - 步骤五：编制购车预算
  - 步骤六：确定职责分工
  - 步骤七：制订行动计划
  - 步骤八：建立奖惩机制
- 三、购车结果
- 四、总结："购车"案例与全面预算管理的关联

志英心得

万事万物都是互通互联的，一套科学且行之有效的方法论能够帮助个人从庞杂、棘手的问题中抽丝剥茧，使问题迎刃而解。

全面预算管理作为一套帮助企业提效率、增利润、创价值、控风险、减浪费、塑品牌的管理控制方法和工具，不仅可以应用在企业战略运营管理中，还可以应用在个人生活中，关键是要掌握活学活用的实践方法和操作技巧。

全面预算管理对于企业而言，是加强集团管控必不可少的管理工具。它向上可以承接企业发展战略，横向贯穿企业价值链的各个环节，在企业运营管理体系中发挥着非常重要的作用。

为了帮助读者更好地掌握全面预算管理落地的实践方法和技巧，达到举一反三的效果，我将在本章介绍全面预算在个人生活中如何发挥价值创造的作用。

当然，企业管理和日常生活毕竟不一样。因此，在结合购车谈全面预算时，针对个人购车特点和环境的不同，我在个别地方进行了创新，但使用的基本原理是一样的，都是基于全面预算上接战略、中接业务、下接绩效的特点，用"珍珠链""四位一体、融合发展"的核心思想，为个人购车建立战略规划、业务分析、预算编制和绩效考评全过程闭环管理机制，形成一盘棋，用全面预算引领个人快乐生活。

第 6 章 实战演练：用预算购车大不同

一、购车案例背景介绍

丽丽是我在 T 集团的同事，从事全面预算和经营分析工作，是一位很有发展前途的财务总监。

随着工作、生活环境的变化，为了进一步提高生活品质，丽丽和先生小王打算买辆新车，但由于双方工作比较忙，经常出差，所以购车计划一再推迟。听说北京很快就要实行机动车购车摇号政策，因此两人商量得尽快买到心爱的"坐骑"，如图 6-1 所示。可对于买什么类型的车，两人的意见总不统一，还为此常常吵架。

图 6-1 摇号时代

由于近年来，无论是建设管理会计的应用体系还是实施全面预算管理，T 集团都获得了行业专家的高度认可，这得益于管理会计体系化落地的设计思路——"珍珠链"预算管理体系，以及团队超强的行动力。T 集团的员工还将"珍珠链"预算管理体系活学活用在部门规划、团队建设、旅游计划、职业规划、买房买车、孩子教育、养老退休、夫妻关系改善、减肥瘦身等方面，取得了良好的效果。因此，丽丽决定把全面预算实施的方法论加以修改和创新，应用到自己的购车计划上。

> **温馨小提示**
>
> 在企业实施全面预算管理前，要对企业的实施环境进行充分的分析和评估。
>
> **提问**：你的企业在实施全面预算时，是否对企业的实施环境进行了充分

评估？如果做了评估，是怎么做的？如果没做，请列示原因。

_____

_____

_____

二、"珍珠链"预算管理体系使购车决策更明智

为了完美实现购车目标，丽丽借鉴了"珍珠链"预算管理体系中的"战略-业务-财务-人力"四位一体、融合发展的核心思想，并在此基础上做了部分创新，从购车目标出发，制定了一套以"购车"为例的全面预算管理布局图，包括八大核心步骤，如图6-2所示。

战 略

确定战略目标 ② ③ 识别风险因子

明确购车愿景 ① S ④ 进行购车分析

建立奖惩机制 ⑧ ⑤ 编制购车预算
O
制订行动计划 ⑦ ⑥ 确定职责分工

S-STRATEGY（战略）
O-OPERATION（运营）

地 面

图6-2 "购车"的全面预算管理布局

步骤一：明确购车愿景

丽丽购车纠结的根源跟多数普通人一样，在于没有建立明确的个人购车愿景。所以，丽丽需要通过确定"我喜欢什么、我要什么、我有什么"，明确自己的购车愿景。

在制定购车愿景前，需要先分析一下两人的收入状况和消费水平。

知识链接

什么是"企业愿景"？

领导者希望企业发展成什么样子。愿景为企业未来发展提供一幅前进蓝图，指明前进方向，让员工知道每天都在忙什么，为什么而忙。

什么是"个人购车愿景"？

个人希望通过购车，达到一种什么样的生活状态。

丽丽和小王都是企业中高层管理者，丽丽是 T 集团财务总监，小王是一家合资公司的销售总监，两人的年收入加起来有 50 多万元。家里有一套住房，无贷款，两人有一定的积蓄，且年龄也都是 40 岁出头，提高生活品质是两个人共同的想法。对他们而言，面子最重要；其次是车的品质和性能。因此，他们购车的愿景是：享受精英白领的生活状态，得到周围人艳羡的目光，如图 6-3 所示。

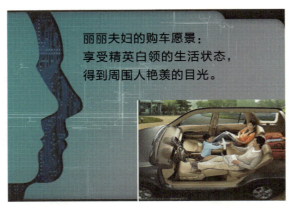

图6-3　丽丽夫妇的购车愿景

温馨小提示

企业要想成功实施全面预算管理，参与实施的人员一定要清晰地理解企业愿景。

提问：你的企业在实施全面预算管理时，参与实施的人员是否清晰地知道并理解该企业的愿景？如果不清楚，请列示原因。

_____
_____
_____

步骤二：确定战略目标

丽丽和小王购车的战略目标就是在摇号政策实施前，拥有一辆漂亮、时尚、优雅、有档次的中高档小轿车。

温馨小提示

实施全面预算管理，一定要制定并明确企业的战略目标，战略目标的制定是以愿景为依据和前提的。

提问：你的企业在实施全面预算管理时，是否制定并明确了战略目标？战略目标的制定是以什么为依据的？

___

___

___

步骤三：识别风险因子

丽丽需要识别购车过程中的中度及重度风险，建立风险防范机制，如图6-4所示。

图6-4 购车风险因子

经过仔细分析对比，丽丽夫妇找出了三大购车风险因子，并针对每个风险因子建立了相应的风险防范机制。

风险因子一：错过购车时机

最大的风险因子莫过于错过购车时机，迎来摇号时代。这样的话，对于丽丽夫妇而言何时能买到车就不好说了。

对策：以购车摇号时间为基准，倒推行动计划，并给行动时间留出足够的富余量。

风险因子二：选错车型

选错车型会给丽丽夫妇日常工作、生活带来诸多不便，心里还会觉得不爽。

对策：应进行市场考察，跟有经验的车主交流经验，去专业且口碑好的 4S 店购车。

风险因子三：资金错配

资金配置不合理和资金准备不充足，都是购车过程中经常出现的问题。

对策：应进行预算编制，充分预估一次性的购车费用支出计划以及每月的支出计划，提早准备充足的资金。

温馨小提示

实施全面预算管理，一定要识别影响战略和预算目标落地的风险因子，并制定风险防范机制。

提问：你的企业在实施全面预算管理时，是否分析并找出了影响目标落地的风险因子，是否制定了相关的风险防范机制？如果做了，是怎么做的？如果没做，请列示原因。

_____

_____

_____

步骤四：进行购车分析

经过市场考察以及跟熟悉的车主交流经验，丽丽发现我国家用小汽车的档次是以价格为主、技术指标为辅进行分类的。

具体分类为：

- 中高档：车价在 20 万元以上；
- 中档：车价在 15 万元~20 万元；
- 普通型：车价在 10 万元~15 万元；
- 微型或经济型：车价在 10 万元以下。

结合两人的经济条件、购车愿景和购车目标，两人决定购买价格在 30 万元以上的中高档汽车。

经过详细的市场考察并结合个人的审美偏好，丽丽倾向于买2010款ABC 2.0T，小王倾向于买2010款XYZ 2.0 T。这两种车型来自于不同生产厂商，两种车外型都很漂亮、时尚、优雅，价格和性能比较接近，都拥有着"贵族血统"。但到底买哪个品牌的车，两人意见无法统一，争论不休。

在谁也无法说服谁的情况下，丽丽想起了 T 集团在实施全面预算管理期间，财务部门运用雷达图分析总/子公司的竞争优势，雷达图的运用效果得到了公司管理层的认可和称赞。于是，丽丽决定把雷达图用在购车分析上，用数据说话，决定最终购买哪个品牌的轿车。

（1）分析与比较两种车的性能，如表 6-1 所示。

表 6-1　两种车的性能对照

	第一款车：2010 款 ABC 2.0T	第二款车：2010 款 XYZ 2.0T
两款车基本性能对比		
发动机	2.0TSI 直列 4 缸 / 涡轮增压 / 16 气门电控燃油缸内直喷	2.0TSI 直列 4 缸 / 涡轮增压 /4 气门电控燃油缸内直喷 / AVS
变速器	6 DSG	MULTITRONIC 无极变速
最大功率	147kW 5100-6000	132kW 4000-6000
最大扭矩	280N·m 1700-5000	320N·m 1500-3900

（续）

	第一款车：2010 款 ABC 2.0T	第二款车：2010 款 XYZ 2.0T
轴距	2712	2869
长宽高	4799*1855*1417	4763*1826*1426
行李箱容积	532L	480L
油箱容积	70L	65L
整备质量	1545kg	1615kg
轮胎	235/45 R17 94Y	225/55 R16 Y
悬架	前：优化麦弗逊；后：优化四连杆	前：轻质五连杆；后：梯形连杆式
转向	EPS 电动随速助力转向	齿轮齿条动力转向器
制动	前：通风盘；后：盘式。带自动除水，刹车片磨损报警	带 EBD、ABS
排放	国 4 排放标准	国 4 排放标准
0-100KM 加速时间	7.7s	8.4s
最高车速	235km/h	255km/h
两款车优势配置对比		
外观		
全景天窗	有	
无框车门	有	
前大灯随动转向	有	
低速转向辅助照明	有	
全尺寸备胎	有	
内饰		
高级真皮座椅	有	
前排座椅加热	有	
集控式方向盘	有	
手套箱带照明和冷冻	有	
车门金属迎宾踏板	有	

（续）

	第一款车：2010 款 ABC 2.0T	第二款车：2010 款 XYZ 2.0T
安全装备		
智能驾驶辅助系统（IDAS）	有	
带碰撞预防的自适应巡航系统（ACC）	有	
预碰撞安全系统	有	
车道保持系统	有	
十探头智能泊车系统	有	
后视影像系统	有	
模拟可视泊车系统	有	
全方位泊车侦测雷达	有	
自动防眩目后视镜	有	
光感式前大灯	有	
舒适装备		
后排中央通道空调出风口	有	
电动折叠外后视镜	有	
蓝牙电话带无线音乐传输	有	
后窗遮阳帘	有	
智能钥匙，一建启动	有	
GRA 定速巡航系统	有	
6.5 英寸触摸屏音响系统	有	
丹拿音响系统	有	
10 喇叭剧院级高保真立体声扬声器	有	
硬盘式导航系统，带 DVD 播放功能	有	
MDI-BOX 支持 IPOD、USB 接入	有	

注：此表仅列出了 ABC 比 XYZ 多出的配置。

通过性能的对比分析，两人发现2010款 ABC 2.0T 拥有的配置更多。

（2）两种车的各项经济指标分析，如表6-2所示。

表6-2　两种车的经济指标分析

	第一款车：2010款 ABC 2.0T	第二款车：2010款 XYZ 2.0T
美国定价（美元）	27 760.00	31 950.00
汇率	6.72	6.72
折合人民币报价（元）	186 502.78	214 652.88
国内定价（元）	299 800.00	309 800.00
定金（元）	2 000.00	—
加价或优惠（元）	—	–10 000.00
裸车价格（元）	299 800.00	299 800.00
是否有现车	玄武灰3个月；艾尼灰1个月；亮银有现车	一个月左右提车
购置税（元）	25 623.93	25 623.93
保险（交强险+商业全险）（元）	10 000.00	10 000.00
保养周期	每1万公里1次	每5 000公里一次
首保免费	是	是
每次保养费用	700~800元，大保养视情况而定	小保养1 000元左右，大保养1 800左右
综合工况油耗	8~8L	7.5~10.4L
实际油耗	9~11.2L	9.8~12.1L
保修期	两年或6万公里	两年不限公里数
初始投入（元）	335 423.93	335 423.93
年行驶里程（公里）	20 000.00	20 000.00
第一年车辆使用费（按每年2万公里行驶里程计算）（元）	16 823.00	20 540.00
汽油（元）	13 623.00	14 340.00

（续）

	第一款车：2010 款 ABC 2.0T	第二款车：2010 款 XYZ 2.0T
停车（元）	2 400.00	2 400.00
保养（元）	800.00	3 800.00
折旧		
第一年（元）	69 773.97	60 779.97
第二年（元）	46 515.98	40 519.98
第三年（元）	23 257.99	20 259.99
三年残值（元）	185 876.00	203 864.00
参考同型号二手车 3 年保值率	62%	68%
首年使用成本（元）	86 596.97	81 319.97
首年每公里成本（元）	4.33	4.07

通过分析可以看出，虽然两种车的卖价处于同一水平，但每年的保养费用不同，2010 款 ABC 2.0 T 是顶级配置，2010 款 XYZ 2.0 T 是标准配置。

（3）汇总所有数据，使用雷达图比较两种车的优劣势，如图 6-5 所示。

综合评分　　　　10 分满分

	第一款车：2010 款 ABC 2.0T	第二款车：2010 款 XYZ 2.0T
外观	9.00	8.00
内饰	10.00	6.00
性能	8.50	9.00
品牌	7.00	10.00
安全性	9.00	8.50
舒适性	10.00	7.00
高科技含量	10.00	6.00
性价比	9.00	7.00
维修保养成本	8.00	5.00
乘坐空间	6.00	10.00
油耗	8.00	8.00

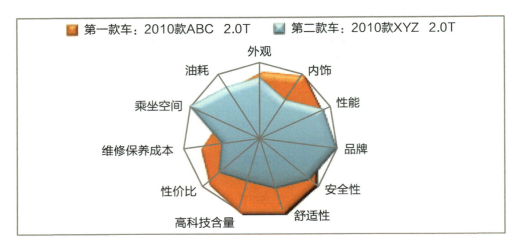

图 6-5 雷达分析优劣势

通过雷达图分析,两人决定购车 2010 款 ABC 2.0T。

温馨小提示

实施全面预算管理要进行业务和管理的分析和规划。

提问:你的企业在实施全面预算管理时,是否进行了业务部门和职能管理部门的规划?如果做了,是怎么做的?如果没做,请列示原因。

_____
_____
_____
_____

步骤五:编制购车预算

丽丽和小王决定了购车品牌和款式后,又详细分析了影响购车预算的组成要素,比如:裸车费用、车装饰费用、各种税费、保险费用、日常养车费用等,据此编制了购车预算。

> **温馨小提示**
>
> 实施全面预算管理，预算编制是必不可少的一个环节。预算编制前的准备工作非常必要，进行预算编制时，要充分考虑各种假定前提。

提问：你的企业在预算编制发生前都做了哪些工作？在进行预算编制时，都考虑了哪些要素？

_____

_____

_____

步骤六：确定职责分工

距离购车摇号政策实施还有一个月左右的时间，为了防止购车计划"流产"，两人商量决定仿照 T 集团的"珍珠链"预算管理体系，制定两人的职责分工，并设立 KPI，督促两人按计划完成任务。

> **温馨小提示**
>
> 成功实施全面预算管理，一定要落实岗位目标，并建立考核指标。你关注什么，就考核什么。

提问：你的企业在实施全面预算管理时，是否落实了岗位目标，并建立了考核指标？如果做了，有哪些成功经验和教训可以分享？如果没做，请列示原因。

_____

_____

步骤七：制订行动计划

两人根据自身的工作状况，制订了可以落地的购车行动计划，以"周"为单位进行跟踪，并实施奖惩。

温馨小提示

成功实施全面预算管理，要有完整的行动方案，并进行以"日"或"周"为单位的追踪机制。你关注什么，就检查什么。

提问：你的企业在实施全面预算管理时，是否建立了完整的行动计划以及跟踪机制？如果做了，有哪些成功经验和教训可以分享？如果没做，请列示原因。

步骤八：建立奖惩机制

由于要支出一大笔购车费用，出于省钱考虑，两人决定不实行经济奖惩，而是根据各自的喜好和厌恶，实施"运动奖惩"机制。

比如：丽丽不喜欢做俯卧撑，喜欢每月都买漂亮衣服。如果丽丽的周进展结果不好，小王会现场监督丽丽每天做30个俯卧撑，一个月内不能买任何衣服或装饰品。

又如：小王不喜欢做家务，喜欢吃西餐。如果小王的周进展结果不好，丽丽就会现场监督小王做两周家务，一个月内不能吃西餐，如图 6-6 所示。

处罚丽丽做俯卧撑　　　　　　　处罚小王做家务

图 6-6　丽丽夫妇的处罚措施

温馨小提示

成功实施全面预算管理，一定要建立奖惩机制。

提问：你的企业在实施全面预算管理时，是否建立了联动的奖惩机制，并切实实施了奖惩，以确保全面预算管理的严肃性？如果做了，有哪些成功经验和教训可以分享？如果没做，请列示原因。

_____

_____

_____

_____

三、购车结果

丽丽夫妇终于如愿买到了心爱的 ABC 2.0T 至尊版车，得到了无数亲朋好友的艳羡，不仅解决了"面子"问题，同时良好的汽车性能和品质也带给了丽丽夫妇无穷的开车快感。

四、总结："购车"案例与全面预算管理的关联

丽丽夫妇运用全面预算管理的知识，借鉴T集团实施全面预算管理时采用的"珍珠链"预算管理体系，以战略为切入主线，制定了购车愿景，并在美好愿景的激励下，制定了清晰的购车战略目标。为了让目标落地，他们寻找影响目标落地的风险因子，用雷达图分析对比同一档次不同车型的竞争优势，并据此编制预算，分解责任，设定绩效指标并制定行动方案，通过"周"跟踪工作进展，并实施奖惩措施来提升他们的执行力。

这样，以"购车"为例的全面预算管理就形成了有效的闭环，真正实现了购车战略从"构建规划——业务分析——预算编制——跟踪监控——最终评价考核"的全过程管理，完成了个人购车的"战略—业务—财务—人力"一体化的全过程管理，从而实现了购车的最终目标，如图6-7所示。

从"购车"这个生活案例可以看出，全面预算管理的核心思想是构建一套上接战略、中接业务、下接绩效的全过程闭环管理控制机制，通过"珍珠链"预算管理体系形成企业的"战略—业务—财务—人力"四位一体、融合发展，让企业脱离头痛医头、脚痛医脚的尴尬局面，帮助企业提效率、增利润、创价值、控风险、减浪费和塑品牌。

全面预算管理是企业最直接、最有效的管控工具，更是执行企业战略、实现企业战略目标最有力的保障措施。无论是T集团的企业案例还是生活中的购车案例，都是为了深入浅出地阐释全面预算管理的应用之"道"。虽然全面预算管理并不是无所不能的"神器"，但不可否认，一套科学且行之有效的方法论能帮助企业从庞杂、棘手的问题中抽丝剥茧，使之迎刃而解。

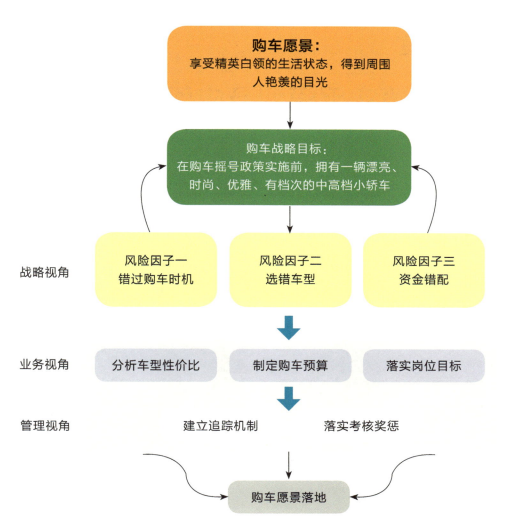

图 6-7　丽丽夫妇购车的战略全景布局（© 邹志英）

第 7 章
全面预算实用模型及应用案例

阅读本章前，建议先思考以下两个问题：

01 全面预算有哪些实用的模型？

02 这些模型有哪些特点、使用方法和应用领域？

你有答案了吗？邀请你继续阅读

第7章 全面预算实用模型及应用案例

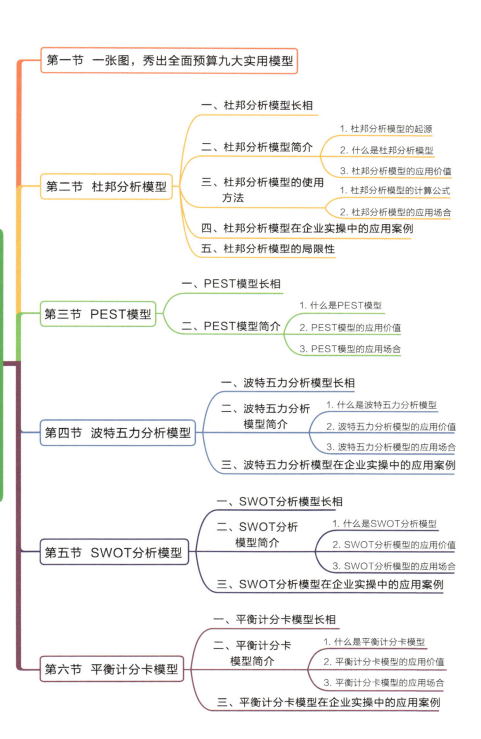

> **志英心得**　工欲善其事，必先利其器，器欲尽其能，必先得其法。全面预算管理的实用模型，可以助力企业成功推行全面预算，让全面预算落到实处不坐蜡，提升沟通效率和工作质量，避免头疼医头、脚疼医脚的尴尬局面。

第一节　一张图，秀出全面预算九大实用模型

在全面预算管理实践中，有九大实用模型，如图 7-1 所示。

图 7-1　常用的九大全面预算实用模型

接下来，我会重点介绍 5 个实用模型的使用方法、应用意义、适用范围和应用案例。

第二节 杜邦分析模型

一、杜邦分析模型长相

杜邦分析模型长相如图 7-2 所示。

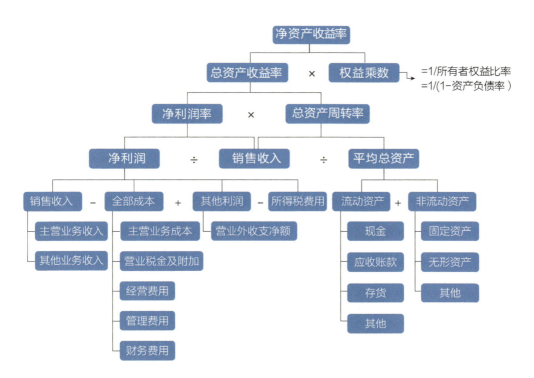

图 7-2 杜邦分析模型全景图

二、杜邦分析模型简介

1. 杜邦分析模型的起源

杜邦分析模型的发明人唐纳森·布朗是一名电气工程师，他于1914年加入化工巨人杜邦公司的财务部门。此后不久，杜邦购买了通用汽车（GM）23%的股票。在这笔交易中，布朗的任务是负责重新梳理通用汽车公司内部复杂的财务状况，这或许是美国历史上第一次大规模的企业重构行动。根据通用前主席斯隆的说法，布朗的规划、关系系统上马之后，通用的信誉声望大幅回升。继而，美国的一些大公司纷纷运用此法，均获得成功，从而使得杜邦分析模型声名鹊起。直到1970年，杜邦分析模型在财务分析领域一直保持着主导地位。

2. 什么是杜邦分析模型

杜邦分析模型的核心是净资产收益率(ROE)，它反映所有者投资的获利能力。该比率越高，说明所有者投资带来的收益越高，它是所有财务比率中综合性最强、最具有代表性的一个指标，是企业财务管理的重要目标之一。

杜邦分析模型通过层层分解财务指标，直观反映了影响净资产收益率的因素及其内在联系，揭示了企业筹资、投资、用资和生产运营等方面的经营活动效率。它是一种行之有效的综合财务分析法，用它不仅可以发现指标的变动原因、变动趋势，还可以找到解决方案。

3. 杜邦分析模型的应用价值

公司股东、投资人在遴选最合适的投资项目时，往往最看重的是项目的投资收益，即用多少钱、花多长时间以及挣多少钱。

杜邦分析模型最显著的特点是将若干个用以评价企业经营效率和财务状

况的比率按其内在联系有机地结合起来，形成一个完整的指标体系，并最终通过净资产收益率综合反映企业的经营、盈利情况和股东回报情况。因此，这个模型受到了股东和投资人的青睐。尤其是对比连续两期的财务数据，可以将净资产收益率逐层分解至每一个独立的财务指标，并将最末端的财务指标与具体业务和流程联系起来，从而发现各项业务和流程的变化是如何影响净资产收益率的变化的，最终为管理层和业务部门提供决策依据。

具体来说，杜邦分析模型可带给企业四大好处：

（1）它可以使财务比率分析的层次变得更清晰、更条理化；
（2）它可以为报表分析者全面、深入了解企业的经营和盈利状况提供方便；
（3）它可以帮助企业管理层更加清晰地看到净资产收益率的决定因素，以及销售净利润率与总资产周转率、债务比率之间的相互关系；
（4）它可以给企业管理层提供一张清晰的考察企业资产管理效率、股东投资回报的路线图。

三、杜邦分析模型的使用方法

1. 杜邦分析模型的计算公式（见图 7-3）

$$\text{净资产收益率（ROE）} = \overbrace{\left(\frac{\text{净利润}}{\text{销售收入}}\right) \times \left(\frac{\text{销售收入}}{\text{总资产}}\right)}^{\text{总资产收益率}} \times \left(\frac{\text{总资产}}{\text{所有者权益}}\right)$$

ROE = 净利润率 × 总资产周转率 × 权益乘数

图 7-3　净资产收益率的计算公式

1977 年，巴菲特熟练地运用杜邦公式，指出提高 ROE 的 5 种方式。

（1）提高资产周转率，也就是销售收入与总资产的比率；

（2）使用更便宜的财务杠杆；

（3）提高财务杠杆比率；

（4）减少纳税；

（5）增加经营利润。

2. 杜邦分析模型的应用场合

杜邦分析模型可以应用在以下领域。

（1）企业战略规划；

（2）企业业务规划；

（3）企业财务预测；

（4）企业业财融合；

（5）企业财务分析；

（6）企业经营分析；

（7）投资分析；

（8）滚动预测。

四、杜邦分析模型在企业实操中的应用案例

↘ 示例 7-1　用杜邦分析模型，找出 S 公司股东回报提升途径

用杜邦分析模型的目的

简单背景说明：T 集团和 S 公司都是零售连锁企业，S 公司是行业龙头。

杜邦分析模型是一个比较实用的综合分析模型。T 集团在全面预算实践中，果断引入杜邦分析模型，用其做了横向对比和纵向对比分析。其中，横

向对比分析是指针对同一指标，T集团与竞争对手、集团内部不同子公司之间的对比分析；纵向分析对比是指T集团相同指标在不同期间的比较。

T集团使用杜邦分析模型的目的是分析同行业标杆企业S公司的净资产收益率，判断T集团的净资产收益率可以从哪些方面进行优化和改善，从而为T集团做大做强以及未来上市做好铺垫。

事实证明，杜邦分析模型在T集团全面预算实践、业财融合中起到了很重要的作用。

杜邦分析模型的实操用法

T集团管理会计部门用杜邦分析模型对竞争对手S公司做了分析，图7-4展示了S公司在2004—2008年的ROE，从图中可以看出，S公司的ROE在2004—2008年有所起伏。

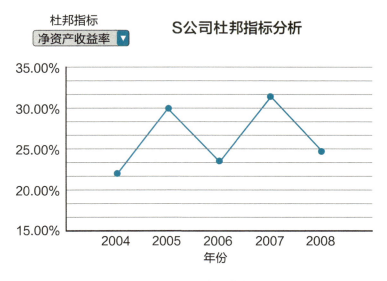

图7-4 S公司净资产收益率分析

S公司的ROE在2004—2008年上下起伏的原因是什么呢？S公司在2005年和2007年的ROE比较高，达到了30%以上，在2004年、2006年和

2008 年呈下降趋势。通过表 7-1 我们可以看出，ROE 是评价股东投资回报的综合指标，影响它的三个指标同等重要——净利润率、总资产周转率和权益乘数。为了提高 S 公司的 ROE，从杜邦分析模型的计算公式来看，可以采用提高净利润率、总资产周转率或权益乘数等方法。

表 7-1　S 公司在 2004—2008 年与 ROE 相关的各项指标

杜邦指标	2004	2005	2006	2007	2008
净利润率（%）	2.09	2.34	3.03	3.79	4.35
总资产周转率	4.44	3.68	2.82	2.47	2.64
权益乘数	2.37	3.49	2.76	3.36	2.38
净资产收益率（%）	22.01	30.09	23.53	31.55	24.73

从表 7-1 中可以看到，S 公司在 2004—2008 年的净利润率不超过 4.4%，基本是在 2%~4.35% 之间浮动。S 公司隶属于零售连锁行业，其行业特点是净利润率较低。所以，如果 S 公司想提升 ROE，需要打一个组合拳，在保障净利为正的前提下，提高资产周转率，使用更便宜的财务杠杆，提高财务杠杆比率，提高单店营业额增长率。由此可见，提升企业的内功才是企业长远发展之道。

而 S 公司在 2005—2008 年的疯狂开店，重视短期行为，非但没有提高 S 公司的资产周转率，反而使其资产周转率下降。因为这种单纯通过提高财务杠杆实现的 ROE 增长，具有不可持续性。这也解释了为什么 S 公司的 ROE 起伏不定。这些经验和教训为 T 集团提供了前车之鉴。

五、杜邦分析模型的局限性

任何一个模型在应用过程中都有其局限性，杜邦分析模型也不例外。

从企业绩效评价的角度来看，杜邦分析模型只包括财务方面的信息，不能全面反映企业的实力，有很大的局限性，主要表现在如下方面：

1. 对短期财务结果过分重视，有可能助长企业管理层的短期行为，忽略企业长期的价值创造。
2. 较为关注企业的历史经营状况，不能完全满足企业对未来的预测。
3. 缺乏对资金流量的监控、管理及预测，很难根据预计的经营状况进行资金的规划。
4. 在目前的市场环境中，企业的无形知识资产对提高企业长期竞争力至关重要，杜邦分析模型不能解决无形资产的估值问题。

第三节 PEST 模型

一、PEST 模型长相

PEST 模型长相，如图 7-5 所示。

二、PEST 模型简介

1. 什么是 PEST 模型

PEST 模型是企业用来分析外部环境的基本工具，目的是通过分析企业所处的外部环境，了解宏观环境对企业战略的影响。其中，PEST 分别代表影响企业战略制定的四大因素：

- 政治（Political）；
- 经济（Economic）；

- 社会（Social）；
- 技术（Technological）。

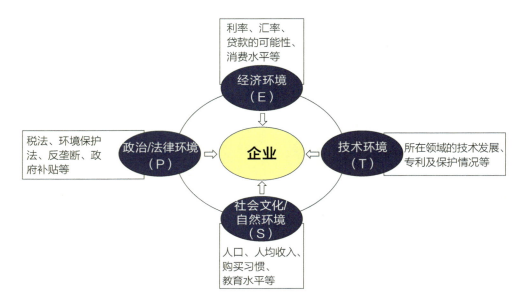

图 7-5　PEST 模型

2. PEST 模型的应用价值

PEST 模型可以在全面预算实操环节阶段 I 中使用。比如，可在战略规划环节和年度运作计划环节使用，通过分析企业的宏观经济环境，识别宏观环境带给企业的机遇和风险。

3. PEST 模型的应用场合

PEST 模型可以应用在以下领域：

（1）企业战略规划；

（2）市场规划；

（3）业务规划；

（4）产品经营发展；

（5）研究报告撰写。

第四节　波特五力分析模型

一、波特五力分析模型长相

波特五力分析模型长相，如图 7-6 所示。

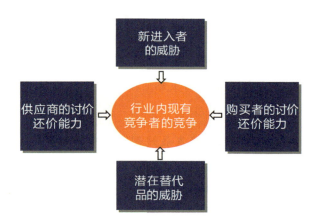

图 7-6　波特五力分析模型

二、波特五力分析模型简介

1. 什么是波特五力分析模型

波特五力分析模型，由迈克尔·波特于 20 世纪 80 年代初提出，是一个用来分析企业基本竞争情况的有效工具。波特认为行业中存在着五种决定企业竞争规模和竞争程度的力量，这五种力量综合起来影响着产业的吸引力。

五种力量分别为：

（1）进入壁垒：新进入者会影响到企业现有的利润空间的稳定性和行业发展的空间；

（2）替代品威胁：决定了企业的市场销售规模；

（3）购买者议价能力：决定了企业的卖出价格；

（4）供应商议价能力：决定了企业的投入成本；

（5）现存竞争者之间的竞争：会影响行业的盈利水平。

2. 波特五力分析模型的应用价值

企业用波特五力分析模型做行业竞争分析的好处有以下三点：

第一，了解本企业在特定市场的竞争情况，以及获取利润的最终潜力；

第二，制定本企业自我保护的策略，按照企业自己的意愿去影响这五种竞争力；

第三，制定适合本企业的战略发展规划，提前规避风险。

3. 波特五力分析模型的应用场合

波特五力分析模型适用于企业战略规划、研究报告撰写等。

三、波特五力分析模型在企业实操中的应用案例

↓示例 7-2　用波特五力分析模型分析 AC 公司的竞争态势

AC 公司是一家国际化的知名电商公司，用波特五力分析模型分析它的竞争态势，如图 7-7 所示，目的是为制定公司未来 3~5 年的战略规划打好基础。

第 7 章 全面预算实用模型及应用案例

竞争非常激烈
电子商务领域：沃尔玛、亚马逊、阿里巴巴、京东商城和苏宁易购等

议价能力一般
AC公司是一家全球化企业，供应商稳定，货源充足，价格合理

威胁程度一般
AC公司一直在不断进行服务和产品的迭代升级，其品牌进入市场后，得到顾客的认可和信赖，替代品威胁不大

| 竞争程度 | 购买者议价能力 | 供应商议价能力 | 进入壁垒 | 替代品威胁 |

议价能力很强
网上购物网站很多；实体店有其独特的魅力和不可替代性

新进入者进入可能性较低
AC公司是国际著名的大公司，是品牌知名度和客户满意度代名词

图 7-7　AC 公司的波特五力分析模型

第五节　SWOT 分析模型

一、SWOT 分析模型长相

SWOT 分析模型长相，如图 7-8 所示。

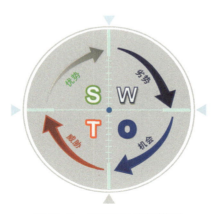

图 7-8　SWOT 分析模型

二、SWOT 分析模型简介

1. 什么是 SWOT 分析模型

SWOT 分析又叫态势分析法,最早由麦肯锡咨询公司提出,用它可以分析组织的优劣势、面临的机会和威胁。

SWOT 分别代表四大因素:

- 优势(Strength);
- 劣势(Weakness);
- 机会(Opportunity);
- 威胁(Threat)。

2. SWOT 分析模型的应用价值

运用 SWOT 分析模型可以帮助企业把资源和行动聚焦在自己的强项和有最多机会的地方,规避外部环境造成的威胁和风险。

3. SWOT 分析模型的应用场合

SWOT 分析模型应用范围比较广泛,可以应用于以下领域:

(1)战略规划;

(2)竞争对手分析;

(3)客户、利益相关者分析;

(4)市场分析;

(5)部门规划;

(6)团队分析;

(7)个人规划;

（8）绩效管理；

（9）经营分析；

（10）产品组合策略。

三、SWOT 分析模型在企业实操中的应用案例

↘ 示例 7-3　用 SWOT 分析模型分析 AC 公司的优劣势

用 SWOT 分析模型为 AC 公司做分析，如图 7-9 所示，目的是为 AC 公司战略及业务规划的出炉做准备。

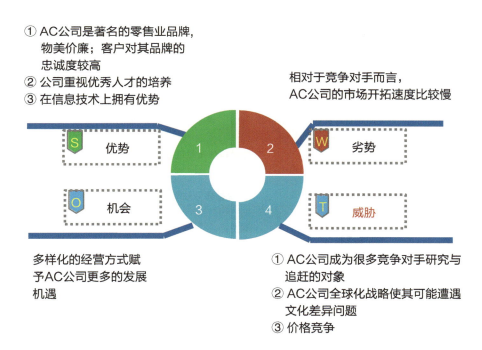

图 7-9　AC 公司的 SWOT 分析模型

第六节 平衡计分卡模型

一、平衡计分卡模型长相

平衡计分卡模型长相,如图 7-10 所示。

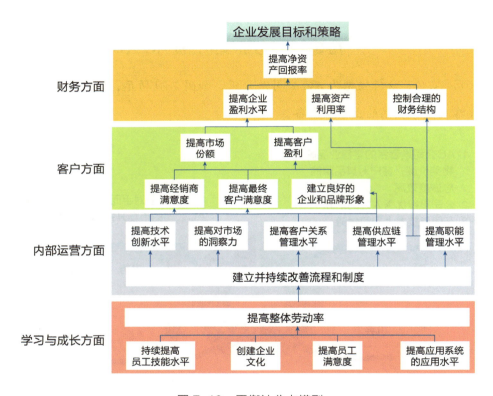

图 7-10 平衡计分卡模型

二、平衡计分卡模型简介

1. 什么是平衡计分卡模型

平衡计分卡由哈佛大学商学院教授卡普兰和诺朗诺顿研究所的诺顿于 1992 年提出,强调平衡财务和业务评估的重要性。

作为一种全新的组织绩效管理方法，平衡计分卡于 2001 年年初在中国开始流行。

在国外，最初绩效管理的含义侧重于判断哪个上市公司有投资价值，传统的绩效管理集中在财务指标上，但资本市场上多次出现了公司年报盈利状况很好、之后业绩出现重大滑坡的案例。为了对财务指标好与投资价值低这一偏差做出合理解释，卡普兰和诺顿提出了平衡计分卡理念。

要改善绩效管理，平衡计分卡是一种较好的管理工具，可把企业的目标及战略转化为一系列的表现指标，为战略性评估及管理制定准则。

平衡计分卡包含以下四个维度：

- 财务维度；
- 客户维度；
- 内部运营维度；
- 学习与成长维度。

平衡计分卡强调一方面要追踪财务结果；另一方面要密切关注能使企业获得未来增长潜力的非财务指标。自平衡计分卡方法提出之后，其对企业全方位的考核及关注企业长远发展的观念受到学术界与企业界的充分重视，许多企业尝试引入平衡计分卡作为企业管理的工具。

根据美国 Gartner Group 的调查，到 2000 年为止，在《财富》杂志公布的世界 1000 强公司中，有 75% 的公司采用了平衡计分卡系统。在最近由 William M. Mercer 公司对 214 个公司的调查中发现，88% 的公司提出平衡计分卡对于员工报酬方案的设计与实施是有帮助的，并且平衡计分卡所揭示的非财务的考核方法在这些公司中被广泛运用于员工奖金计划的设计与实施中。

2. 平衡计分卡模型的应用价值

有关资料显示，平衡计分卡的推行可为企业带来好处，包括制定明确清晰的战略、提高员工的决策能力、推动工作流程与架构的改革、加强各部门在职能上的配合以及把资源优先分配给重要的战略性措施等。

3. 平衡计分卡模型的应用场合

平衡计分卡适用于以下领域：

（1）企业战略规划；

（2）企业年度规划；

（3）部门规划；

（4）企业绩效管理；

（5）绩效指标体系的制定；

（6）投资分析；

（7）经营分析；

（8）并购重组的尽职调查；

（9）流程再造、流程重组；

（10）管理决策制定。

三、平衡计分卡模型在企业实操中的应用案例

很多企业在应用平衡计分卡模型时，只会按照其四个维度模型进行形式套用，但并不清楚如何为平衡计分卡构建关键指标，因为构建关键指标是一项专业技术活。因此，我以"客户满意度"为例，重点介绍如何构建关键指标，为平衡计分卡模型注入灵魂。

↘ 示例 7-4　构建关键指标，为平衡计分卡模型注入灵魂

为了更好地在公司推广平衡计分卡模型，并让绩效管理落到实处，将企业目标、部门目标和员工的行为有机结合起来，实现全员奔跑，AC 公司为平衡计分卡模型的"客户维度"构建了关键指标体系，以"提升客户满意度"为例，如图 7-11 所示。

层面：客户	指标号：客户满意度	责任人：销售部经理
战略：收入增长		目标：提升客户满意度

描述：客户满意度指标是指在所调查的客户中，认为他们对我们的产品和服务有特别的偏好，而不是对竞争对手的产品有特别偏好，这部分客户会形成重复购买。研究表明，满意度高的客户较其他客户的购买频率更高，而且会向其他人推荐我们的品牌。因此，我们相信提升客户满意度能够帮助提升客户的忠诚度，帮助我们实现收入增长的目标

滞后/领先指标： 滞后指标	报告频率：每季度 一次	计量单位：%	极性：数值越高越好

公式：每季度的调查中，对问题 A："对比竞争对手的产品和服务，你更喜欢我们的产品和服务吗？"和问题 B："你还会购买我们的产品和服务吗？"的答案均为"是"的人数，除以总的问卷回收数量

数据来源：本指标的数据由 AB 公司每季度对我们的客户随机抽样，通常在季度结束后 8 个工作日内取得，为销售部门提供电子化的结果

数据质量：从第三方的卖主那里取得	数据收集人：销售助理李丽
基准：最近多数来自调查公司的数据表明客户满意度在 60% 左右	目标值：第一季度为 65%，第二季度为 70%，第三季度为 75%，第四季度为 80%

基本原理：获得客户的满意度对公司收入增长战略和生产效率提升十分重要，我们设定的收入增长目标较以往都有显著提高，这反映了我们将注意力集中到客户满意度方面的努力

各种行动方案：	1. 季度性的促销活动 2. 客户关系管理项目 3. 客户增值服务项目

图 7-11　平衡计分卡关键指标构建模板

附录 A

志英全面预算 40 个实战体会

实战体会 1

"企业年年做预算,新老问题总不断;貌似知道其中法,落到实处就坐蜡。"可见,全面预算管理在中国企业的实施效果普遍不理想,体现在预算实践的四个"梗"上:认识不到位、参与不到位、方法不到位和执行不到位。

企业管理者只有走出全面预算的认知误区,找到一套可落地的实操方法论,才能避免跌入全面预算的"十面埋伏"中,让全面预算不再成为一本难念的经。

来源:第 1 章

实战体会 2

企业在推行全面预算管理时会遇到诸多阻力,要想玩转全面预算"魔方",企业"一把手"和高层管理者必须要高度重视,并深度参与其中,以数据驱动为切入点,在战略目标的引导下,始终坚持"战略—业务—财务—人力"四位一体、融合发展的核心思想,将公司决策层的战略规划,经营部门的业务计划,财务部门的资源获取、配置以及预算编制和人力资源部门的业绩考核评价融为一体,整合成有效的企业核心管理模式,通过合理分配人力、物力和财力等各项资源协助企业实现战略目标，监控战略目标的实施进度和效果，控制不合理的费用支出，监控资金的流向、流速和流量，预测企业的盈利空间。

来源：第 1 章

实战体会 3

企业缺乏一套完整的全面预算运作思路，包括但不限于：全面预算的顶层设计、预算编制流程、预算组织的分工、预算角色扮演、预算指标设置和预算应用工具等。

来源：第 1 章

实战体会 4

"罗马非一日建成"。每家企业所处的行业不同，企业规模不同，组织架构不同，管理诉求不同，业务类型不同，管理基础和管理模式不同。全面预算管理的实施策略一定要因地制宜，企业务必要理性分析自身的管理诉求、阶段特点，持续、渐进地构建完善的全面预算管理体系。

来源：第 1 章

实战体会 5

通过实施全面预算管理，企业未来 3~5 年的战略目标可以有效转化为企业的年度运作计划，继而转化为部门的年度运作计划，最后细化为企业的收入预算、费用预算、投资预算、资金预算和财务预算。相对抽象的企业战略可以通过预算这一纽带，细化战略实施方案。因此，全面预算管理是企业战略规划控制的重要组成部分，做预算不是目的，而是通过做预算帮助企业战略落地。

来源：第 1 章

实战体会 6

没有预算这条纽带的链接,企业各部门无法对企业的战略目标、经营目标产生统一认识。这就会造成企业战略目标无法有效落实到员工的岗位目标和行动计划上,企业也不能通过预算实施、差距分析、反馈调整,巩固自身特有的竞争优势,最终导致企业有战略没执行,使战略变成了空中楼阁。

来源:第 1 章

实战体会 7

企业战略是全面预算管理的起点和方向,没有战略引导作为基础的企业预算就会变成没有目标的预算。如果预算仅仅是上报数字,既没有具体方案的支撑,又不能围绕企业战略目标协调不同预算主体的工作,那么,预算所起的作用会大大缩减,变成了玩数字游戏。

来源:第 1 章

实战体会 8

企业要想有效实施全面预算管理,首先要完善企业的基础管理体系,保证成本核算等基础数据的"货真价实",其次需要构建有效的管控体系。

来源:第 1 章

实战体会 9

全面预算管理的实施要根据企业自身的特点和所处的预算管理阶段循序渐进,打好坚实基础,从源头抓起,审时度势,不能超越现实基础,霸王硬上弓,否则全面预算管理在实施的过程中会四处碰壁。

来源:第 1 章

附录 A　志英全面预算 40 个实战体会

实战体会 10

企业预算是企业绩效的考核基础，部门预算是部门绩效考核的基础，两者相互作用。因此，企业在启动全面预算项目时，一定要让每一名员工清楚地知晓自己的绩效目标是什么，完成目标的路径是什么。只有这样，企业才可以通过目标的设定、指标的分解、预算的编制、预算的监控、差异的分析、KPI 的考核和动态调整，实现企业的中长期战略发展目标。换句话说，预算管理是链接企业战略和绩效管理的纽带，企业战略目标要想顺利落地，必须运用全面预算加强内部管理控制，优化内部资源配置；必须运用绩效管理手段唤起员工心中沉睡的狮子，打造"一个目标、一种声音、一个团队"，让全员奔跑起来。

来源：第 1 章

实战体会 11

企业可以通过管理会计经营分析工具，从业务、产品、组织、风险、投资、资金管理等多维度入手，全面分析造成企业收入、成本、利润、效率、风险上升或下降的价值动因。还要针对不同类型的预实对比偏差原因，制定有针对性的解决方案，并坚持"四个不放过"：问题发生后，要坚持原因未查清不放过；责任人员未处理不放过；整改措施未落实不放过；相关人员未受到教育不放过。

来源：第 1 章

实战体会 12

要想让全面预算管理发挥预期效果，企业需要在推行预算管理前，对全面预算管理的常识建立清晰的认识，包括全面预算的定义、作用、内容、组织、落地的关键点、实施环节等。

来源：第 2 章

— 259 —

实战体会 13

全面预算管理通过预测经济前景，分析企业内外部环境的优劣势，对企业未来的生产、销售、投资、筹资等活动做出统筹安排，并对确定的战略目标进行细化和量化，旨在全面实现企业战略目标。

来源：第 2 章

实战体会 14

全面预算管理有助于加强企业上下级之间，总部与分/子公司之间，部门与部门之间的横向、纵向交流与沟通。可以增进相互之间的了解，加深公司、部门及员工对战略目标和经营目标的理解和认同，实现全员围绕公司核心目标而奔跑的状态。

来源：第 2 章

实战体会 15

全面预算管理可以组织、协调企业的生产经营活动，规范企业在战略规划、年度计划、预算编制、执行与控制、考评与激励过程中的责权利，帮助企业优化人财物等资源的最优配置。

来源：第 2 章

实战体会 16

全面预算管理可以发现企业日常管理中的漏洞和不足，强化企业内部控制，通过预算目标的下达，控制和约束预算责任主体的行为，对行为偏差进行及时调整，实现企业管理由"人治"向"法治"的转变，进而减少经营的风险，确保战略目标的顺利实现。

来源：第 2 章

实战体会 17　全面预算管理通过预算与绩效管理的有机结合，可以考评各个部门完成业绩的情况，通过预算指标推动责任业绩评价，使部门和员工的考核真正做到"有章可循，有法可依"，最终实现企业整体业绩更上一层楼。

来源：第 2 章

实战体会 18　企业高层领导（董事会、总经理）应当高度重视并积极参与到全面预算管理方案的设计和实施中。他们应直接介入预算管理的规划、编制、授权、审批、分析、监控等具体环节，并引导全体员工积极支持全面预算管理，在企业中树立全面预算管理的文化和理念。

来源：第 2 章

实战体会 19　企业要建立健全的、与全面预算管理相适应的组织体系，要成立全面预算管理委员会、全面预算管理执行机构、全面预算管理考评机构，合理设置预算组织的职能，合理划分预算责任中心，保证责任、权利和义务对等，将预算约束与预算激励对等运用到各预算责任中心。

来源：第 2 章

实战体会 20　全面预算管理应与企业绩效管理制度体系相结合，形成一个完整的<u>企业业绩控制系统</u>，这样才能够名副其实地扮演起战略监控的角色。因此，要制定考核制度，明确<u>业绩管理</u>的工作内容和方法，建立业绩考核的指标体系，制定切实可行的评价

— 261

与激励机制。

来源：第2章

实战体会 21

完善的基础管理工作，可以保证成本核算等基础数据的"货真价实"，搭建全面预算管理运行的良好平台。基础数据是全面预算的原材料，基础数据不准确、不完善，整个预算就会成为"无源之水、无本之木"。因此，企业实施全面预算管理一定要从源头抓起，加强数据统计和成本核算工作。

来源：第2章

实战体会 22

全面预算管理既是企业战略规划的细化与量化体现，是形成企业及部门关键绩效指标的主要来源，又是企业整个绩效管理的基础和依据。通过提高运作计划与预算的效率，建立科学且合理的绩效管理机制，才能使企业的生产、经营、管理活动充分体现企业战略规划的要求，提高企业核心竞争力。

来源：第2章

实战体会 23

企业推行全面预算，必须将企业整体的预算目标与每个部门、每一名员工的利益进行关联，根据预算考评的结果，团队或个人工作结果完成的好坏、快慢进行奖罚，做到有赏有罚，有升有降。这样既能够体现企业、部门对每一名员工的关心与回报，又能加强员工对企业和部门的认同感和归属感。

来源：第2章

实战体会 24

预算考评必须坚持严格原则,做到"有法可依、有法必依、执法必严、违法必究"。具体来说就是,企业管理层要建立明确的考核标准;企业员工要有严肃认真的考核态度;企业人力资源部门要建立严格的考核制度,科学、合理的考核程序及方法。

来源:第 2 章

实战体会 25

跟员工个人相关的考评结果务必要及时以书面和口头的方式反馈给员工本人,心平气和地做好绩效沟通和交流,否则起不到考评的教育作用。在绩效沟通过程中,管理者要依考核评价结果向员工进行说明解释,肯定成绩和进步,说明不足之处,并提供今后努力的方向和具体的改进建议等。

来源:第 2 章

实战体会 26

实施预算时要环环相扣,预算是一项系统、连贯、细致的工作,在具体实施的过程中,需要严格把握每一个环节,做到环环相扣。

来源:第 2 章

实战体会 27

推行全面预算管理,企业一定要使用"IPO"逻辑思维,系统性地思考全面预算管理各实施环节的输入和输出、关键行动、环节与环节之间的内在逻辑关系,以及如何"巧妙"地在企业目标、部门目标、岗位目标、预算、绩效之间建立逻辑关联,实现全员奔跑状态。

来源:第 3 章

实战体会 28

大多数企业管理者常常会发出感慨:"预算年年做,年年算不准,最终沦为年度'空手道',毫无实际意义。"究其原因,是因为大多数企业管理者只关注自己管辖范围内的工作,不愿意、不会也不能站在全局角度思考问题,这不仅会在公司部门与部门之间竖起一道道厚重的"部门墙",直接影响全面预算管理的顺利实施,还会导致战略成为空谈,最终导致企业失败。

来源:第 3 章

实战体会 29

全面预算管理一定是全过程、全方位、全员参与的科学管理方法。在企业战略目标指引下,全面预算管理通过战略规划、预算编制、目标分解、目标执行、行动调整、经营分析、绩效考核等一系列活动,全面提升企业管理水平和经营效果,实现企业价值最大化。

来源:第 3 章

实战体会 30

企业"战略-业务-财务-人力"四位一体、融合发展是实施全面预算的核心思想,全面预算要想成功落地,必须上接战略、中接业务、下接绩效,财务是贯穿上中下的链条。

来源:第 3 章

实战体会 31

全面预算管理是一项系统、连贯、细致的工作,要想每个环节做到环环相扣,就需要在具体实施过程中,严格把握每一个环节的输入、输出、企业层面的关注重点、部门层面的关注重点和关键行动措施等。

来源:第 3 章

实战体会 32

在企业战略规划环节中,财务部门需要主动参与战略分析、战略选择、战略实施、战略评价和战略调整,并在战略规划全过程中通过构建财务模型,在企业战略目标和运营管理之间搭桥,将企业战略转化为部门战略与计划,以及员工的目标、计划和行为,提升企业人财物资源的最优配置,控制经营和财务风险,实现全员奔跑。

来源:第 3 章

实战体会 33

战略决定生存,执行决定利润。要想通过全面预算管理的实施,促进企业战略的成功落地,必须为全面预算管理注入"灵魂",即要把全面预算管理纳入企业战略落地管理系统中来考虑。在战略目标的引导下,应始终坚持"四位一体、融合发展"的核心思想,将公司决策层的战略规划、公司经营部门的业务计划、公司财务部门的资源获取及配置和公司人力资源部门的业绩评估结合为一,并整合成有效的公司核心管理模式,支撑战略目标的落地,提升并引领企业的价值。

来源:第 3 章

实战体会 34

全面预算管理秉承的思想是"四位一体、融合发展",它将企业决策层的战略规划、经营部门的业务计划、财务部门的资源获取及配置、人力资源部门的业绩考核评价整合成一套综合的且能够贯彻企业战略方针的经营管理机制,它是企业内部控制系统的核心内容。

T 集团的解困建议就是实行以战略为导向的全面预算管理,

坚持"四位一体、融合发展",用"珍珠链"预算管理体系构建一套上接战略、中接业务、下接绩效的全过程闭环管理机制,形成一盘棋,扭转企业命运,引领企业前行。

来源:第 4 章

实战体会 35

任何公司要想成功推行全面预算,必须做到"六要":

(1)前提:要有公司"一把手"的承诺和高度支持;

(2)关键:要有高层管理者和重要骨干深度参与;

(3)起点:要有真实、准确的财务数据和经营数据;

(4)基础:要有健全的预算组织和明确的责任划分;

(5)立足:要有完善的企业管理制度和预算管理流程;

(6)支撑:要有"奖勤罚懒、奖优罚劣"的激励机制。

来源:第 4 章

实战体会 36

在预算实践中,真正将全面预算管理体系运转有效的企业少之又少,原因是国内企业预算实践多从财务视角出发或只关注预算的编制,在执行全面预算管理时又拔苗助长、急于求成,最终导致预算管理与战略、业务、财务、人力资源管理脱节。

M 集团(中国)公司的实践做法就是采用"三步走"策略,建立以战略为导向的预算模式,设计资源分配流程,引入"指导人计划",实行作业成本法,设计弹性预算,提升企业管理水平,让全面预算落到实处,为企业提质增效。

来源:第 5 章

附录 A　志英全面预算 40 个实战体会

实战体会 37

万事万物都是互通互联的,一套科学且行之有效的方法论能够帮助个人从庞杂、棘手的问题中抽丝剥茧,使问题迎刃而解。

全面预算管理作为一套帮助企业提效率、增利润、创价值、控风险、减浪费、塑品牌的管理控制方法和工具,不仅可以应用在企业战略运营管理中,还可以应用在个人生活中,关键是要掌握活学活用的实践方法和操作技巧。

来源:第 6 章

实战体会 38

全面预算管理对于企业而言,是加强集团管控必不可少的管理工具。它向上可以承接企业发展战略,横向贯穿企业价值链的各个环节,在企业运营管理体系中发挥着非常重要的作用,助力企业实现战略目标,提高经营效率、效能,为企业创造价值、提升价值。因此,掌握全面预算管理实战秘诀是十分重要的。

来源:第 6 章

实战体会 39

全面预算管理是企业最直接、最有效的管控工具,更是执行企业战略、实现企业战略目标最有力的保障措施。无论是 T 集团的企业案例还是生活中的购车案例,都是为了深入浅出地阐释全面预算管理的应用之"道"。

来源:第 6 章

实战体会 40

工欲善其事，必先利其器，器欲尽其能，必先得其法。全面预算管理的实用模型，可以助力企业成功推行全面预算，让全面预算落到实处不坐蜡，提升沟通效率和工作质量，避免头疼医头、脚疼医脚的尴尬局面。

来源：第 7 章

附录 B

只有非常努力，才能看起来毫不费力
——《玩转全面预算魔方（实例+图解版）》炼成记

邹志英，是我财经媒体生涯中遇到的一位极具个性的 CFO。典型的"北京大妞儿"——热情、大气、直接、认定的事坚持到底。从最初的工作关系到无话不谈的好友，八年来，我看着她从世界 500 强公司中国区董事 CFO 到财政部"中国十大优秀 CFO"，从成功"空降"民营企业的副总裁兼 CFO 到亚太 100 强上市公司执行副总裁、非执行董事，直到现在自己创业已有小成。她的每次转身都在进步，每一步都走得很扎实。

在本土企业供职的 5 年是她职业生涯的巅峰，积累了十几年的管理经验、能量开始大放光彩。于公司，她和团队一起创造了 3 年营收从 4000 万元做到 15 亿元的经营奇迹！于个人，她完成了财务高管从幕后到台前，从"记账先生"到决策者的彻底蜕变。

她淡出企业江湖决意传道授业时已想好，要将自己 20 多年跨国公司、本土高成长企业"财务管理创造价值"的实践经验凝炼成一套可以拿来即用的"邹式"理论体系和操作指南。在她看来，**外企经验不是重点，重点在于将外企管理思想掰开揉碎、重组演变成一套中国企业可落地实施的方法论。**

一年多前，应出版社之邀，她下定决心推掉一切商务活动，闭关将这套理论凝炼成文字，通过公开出版，将"邹氏"理论中的核心之一——全面预算管理落地实施方法论，即"珍珠链"预算管理体系分享给更多经历了粗放增长，期待用管理创造价值的中国企业家和企业管理者。

邹志英认为，**在本土企业实施全面预算管理之"难"，在于如何构筑一套"上接战略，下接绩效"的执行体系**。企业必须着眼全局，而绝非仅财务视角，要始终围绕战略—业务—财务—人力"四位一体、融合发展"的思想，即将企业决策层的战略规划、企业经营部门的业务计划、企业财务部门的资源获取及配置、企业人力资源部门的业绩考核评价融为一体，才能实现全面预算管理创造价值的根本目的。为清楚表达这一观点，她为这本书附上了她亲历的大量真实案例，并设计了上百张图表和大量实用工具，力图让读者一目了然。

写书，对一位CFO来说实在是个"跨界"的苦差事。一部好的作品必经反复打磨，几易其稿，甚至数次推倒重来。写作之苦连作家都戏称"文章之事，苦不堪言"。我当时并不肯定她能完成，毕竟，放弃手边的"单子"去做一件异常辛苦还前途未卜的事情，这样的决定并不容易下，下了决心亦难免反悔。一年多后，我已淡忘此事，某天她突然联系我说书稿已成，请给点意见。我很诧异，她竟然真的完成了！电话另一端她碎碎念写作的种种"伤"——没有思路，百爪挠心；表达不畅，焦虑上火；最"伤"的是，万一得不到读者的认可，近两年的时光就这样灰飞烟灭了……

然而，读罢掩卷，我坚信，她的付出值了！在国内众多的财经管理专业书籍中，此书必能有其一席之地。**与常见的西方管理学"圣经"和"洋泾浜"迥然不同，这套"洋为中用"的管理经验，对于言必及德鲁克，学必师"500强"的中国企业而言堪称"解渴"、实用。**

我给她提了一些写作建议，又纠结于她刚刚脱离"苦海"又被要求再做修改会"抓狂"。但事实经常是，我头一天发了建议过去，第二天她修改后的文稿就早早出现在我的邮箱里了，甚至一天修改数次。最后，倒成了我这个

附录 B　只有非常努力，才能看起来毫不费力
——《玩转全面预算魔方（实例 + 图解版）》炼成记

动口不动手的"参谋"被她的节奏追得没了喘息时间。

天道酬勤。所有的辛苦在书稿付梓不久即得到了回报。《玩转全面预算魔方（实例 + 图解版）》第 1 版出版仅一周，该书即荣登京东专业书销售排行前十！出版至今，专业人士、企业家读者等好评如潮。

"邹志英发展得很顺啊，职业履历完美，课堂学员爆满，现在又有了自己的专著！"朋友圈里的赞誉汹涌而来。其实，正如世人只见珍珠璀璨闪耀，不见蚌的隐忍砥砺。在外人看来，她职业生涯里步步为营，通关升级；讲坛之上侃侃而谈，媒体面前神采奕奕。大家只看到她作为 IMA（美国管理会计师协会）全球董事、IMA 首位华人管理会计形象大使盛装于觥筹交错间，却没有看到她为了实现书中所提的 T 集团业绩倍增目标，长达两年每天只睡 3~4 个小时。在转型讲师后，她又常常为做好一个课件通宵达旦。她为了这本处女作能言尽其意，在闭关著述的每一天里为一词、一句殚精竭虑。

只有非常努力，才能看起来毫不费力。路遥说，只有初恋般的热情和宗教般的意志，人才能成就某件事。作为邹志英的好友，在此与读者分享《玩转全面预算魔方（实例 + 图解版）》一书创作背后的点滴；同时作为曾经的编辑、专业的"码字人"，我要向邹志英这样勤奋的实业界作者致敬！也为国内经管类图书中能有这样一本基于中国企业实际状况、可操作性极强的全面预算管理操作指南而感到庆幸！

郭林
《首席财务官》杂志前主编

附录 C

为《玩转全面预算魔方（实例+图解版）》一书点"赞"

我是从事财务管理工作的，早先读了许多有关全面预算管理的书籍，原以为我不会再对这类书籍产生太大的兴趣了，然而邹志英老师的处女作《玩转全面预算魔方（实例+图解版）》一书，彻底改变了我的想法，我被"她"强烈地吸引了。

问题和思考：独特的开篇方式

书中的开篇问题和思考直击我的痛点。"预算（沦为）只是财务部门的数字游戏""如何有效配置资源""预算由财务部门牵头，其他部门只负责填一下财务部下发的预算表格，上交一下数字""计划赶不上变化"等。正如书中描述的很多管理者的感叹：企业年年做预算，新老问题总不断；貌似知道其中法，落到实处就做蜡。这不正是困扰我已久的问题吗？这些问题和困难该如何来解，我可以从本书中找到答案吗？

读完此书，犹如醍醐灌顶。作者在世界500强等国内外知名企业任副总裁及CFO等职的工作经历和丰富的实战经验，让我由衷佩服。

"珍珠链"预算管理体系：全新的管理理念

本书以T集团为核心实战案例。此案例讲述了作者如何通过全面预算管理达成战略目标，实现从千万元年收入到十几亿元年收入飞跃的神奇过程。

附录 C　为《玩转全面预算魔方（实例 + 图解版）》一书点"赞"

在书中作者提出了独创的"珍珠链"预算管理体系。**全面预算管理的核心思想是"战略 – 业务 – 财务 – 人力"的一体化融合，其十大核心步骤是"珍珠链"预算管理体系的具体体现，保障全面预算管理的成功实施。**

那么，如何融合和保障呢？作者在文中具体叙述了 T 集团如何实施十大步骤，以实例诠释了全面预算管理的核心思想，最终实现战略落地。

T 集团案例也例证了全面预算管理五个主要环节即战略规划、年度运作规划、预算编制、执行分析和绩效评价环环相扣，缺一不可。关于全面预算管理五环节的理论叙述在该案例的前一章有具体描述。难得的是，理论部分并不是长篇累牍、枯燥晦涩的专业术语的堆积，而注重的是全面预算管理的落地实施。对于全面预算管理的理论诠释，作者深入浅出，语言风格清新简洁，娓娓道来，即便外行也能轻易看懂。

本书无不透视着这样一种理念，即全面预算管理的战略思维和实施的全面性（即全员、全过程、全方位），强调系统化地思考问题。这使得财务管理人员打破束缚，拔高眼界，增强自信。财务管理人员何以很难成功实施全面预算管理，何以对战略层面有种讳莫如深、心有余而力不足的无奈，何以被局限在狭隘的财务圈内，让预算成了财务部门的数字游戏，其内在缘由并非完全是认识高度不够，往往是由于信心不足，坚持不够。而作者在书中体现的坚持原则、对真相从不妥协的工作作风，尤为令人钦佩。

箴言警句：通俗易懂

书中还不乏作者的箴言警句。**诸如："不建立健全有效的业绩考评机制和激励奖惩机制，一切行为的驱动力将不复存在""是头痛医头，脚痛医脚，还是找到一种有效模式来系统化解决'长大'和'活久'的问题。""上不接战略、下不接绩效的全面预算是无意义的""量化 KPI 原则：能量化的就量化，不能量化的程序化，不能程序化的行为化""预算就是实现'四化'的过程。复杂的事情简单化；简单的事情标准化；标准的事情表格化；表格化的事情流程化"等。

真实案例：拓展视野

本书还分享了多家国际知名公司全面预算管理的实践特点，并以其中作者任职 CFO 的 M 集团（中国）公司为例做了讲解。M 集团（中国）公司走创新之路，根据企业不同时期规模和发展特点，经过总结设计实施方案，以"三步走"策略，来逐步提升全面预算管理的运作效率。这些分享拓展了视野，提供了借鉴。

本书指出全面预算管理的基本原理是体系化地解决企业出现的一揽子问题，但一定要量身定制，通过融入企业价值链来系统地解决问题，否则会永远处于频繁的救火中。在购车案例中，作者以生活题材为切入点进一步诠释了全面预算管理的原理。以一个生活化案例解读了《玩转全面预算魔方（实例＋图解版）》一书书名的由来，形象地告诉读者全面预算管理不仅可以为企业创造价值，还可以改变你的生活。

版面设计：令人耳目一新

本书最后一章不仅讲述了全面预算管理各环节大量的关键实操要点及应用工具，也再次呈现了公司层面与部门层面紧密联系的重要性。公司关注点与部门价值主张一体两面，部门的价值主张就是对公司关注点的承接，公司所有的活动都是统一为战略目标服务的。此章虽然放在最后，实则也是非常重要的一章，应用性极强。

本书令人耳目一新的版面、全彩印刷和大量的思维导图大大方便了阅读，可以让人快速理解和掌握书中内容和逻辑。书中诸多的管理观念、工具、方法、模型等，为读者提供了实操工具。细细品读，在微观层面，还会有更多收获，比如书中列举了常见疑难问题及应对措施，读者可以对照分析自身现状来选择使用。

这确实是一本物超所值的管理书籍，更是一本励志故事。作者源源不断的智慧流淌，单凭此书不能详尽。庆幸的是，作者慷慨地留下了联系方式，欢迎读者随时与她探讨。我们衷心祝愿作者在管理会计领域走得更远，并期待更多佳作问世。

张怀群
上海天跃科技股份有限
公司内审部副总经理

附录 D

《玩转全面预算魔方（实例 + 图解版）》读者赞誉摘录

01 邹老师的《玩转全面预算魔方（实例+图解版）》一书，详细地阐述了"珍珠链"预算管理体系，通过"战略-业务-财务-人力"四位一体的融合，运用非常实效的一系列工具及大量亲身经历的案例为企业的领导和从事财务的管理人员提供了非常重要的应用价值和实用方法。公司目前正运用邹老师的理论，在战略预算方面取得了阶段性的成果。

02 《玩转全面预算魔方（实例+图解版）》是一本值得推荐的好书。其一，讲全面预算的书籍非常之多，但能够简明扼要讲清楚的，本书为我仅见！其二，从财务专业人员角度看，本书讲的是技术，而从企业管理人员角度看，本书阐述的是一种管理思维，一种企业资源配置的思路。其三，本书提供了一种思路清晰的表达方式，以"珍珠链"串起几十个思维导图，直观、清晰、简明，强烈推荐财务高管乃至其他领域管理者研读。

03 邹志英老师的《玩转全面预算魔方（实例+图解版）》一书，是我看到的最好的全面预算管理著作。不论是对企业老板、公司高管还是财务人员，都非常具有实用价值。本书对企业管理的创新转型具有很大的指导作用。

04 《玩转全面预算魔方（实例+图解版）》一书可以让更多的企业老板喜

欢上财务人员，其理论和实战的融合让财务管理别有洞天。

05 我初入职场，经人推荐，有幸读到了《玩转全面预算魔方（实例+图解版）》一书。恰好公司正准备推行全面预算管理，但苦于难以落地。于是，我将这本书推荐给我的老板，她看后如获至宝，迅速组织全公司人员共同学习，并百分百按照书中的指导实践执行。目前，团队的全面预算意识发生了颠覆性的改变！公司老板以及团队非常感恩作者邹志英老师20余年的精心积累、无私的付出和务实的精神！

06 读了邹志英老师的《玩转全面预算魔方（实例+图解版）》一书，感觉干货很多，对我们企业很有帮助。我个人体会最深的一点是：全面预算管理之所以称为"全面"，即它不是财务部或者业务部门各自为战就可以"玩转"的，要想全面预算管理有效实施，企业高层必须统一认识、全面布局，一定要跳出财务看预算，否则预算就只是数字游戏，最终要么流于形式，要么虎头蛇尾不了了之，是玩不转的。作为主管全面预算工作的副总，我认为必须调动企业各方的积极性，按照邹老师说的思路——"战略—业务—财务—人力"四位一体、融合发展，才能有效推进预算落地。我们会仔细研读邹老师的书，希望把全面预算管理真正搞起来，让它为我们企业真正创造价值。

07 我是邹志英老师著作《玩转全面预算魔方（实例+图解版）》一书的忠实读者，这本书我结合本身工作反复读了十几遍！毫不夸张地讲，对我们一线的财务负责人来说，这本书太具有实用价值了！

08 北大总裁班同学推荐我购买《玩转全面预算魔方（实例+图解版）》一书，这是一本神奇的书，它一直在图书热卖排行榜前几名的位置。同时，同学还推荐了作者的另一本管理实操书《英眼视界：直击企业痛点》。我花了1个月时间终于读完了这两本书，一起来评价吧。这两本书是我读过的最实用且最接地气的经管书籍。一本侧重战略预算，另一本侧重企业的内部控制和风险管理，都是以战略为前提，以绩效为落脚点的。书中干货多、模型多、工具多，语言简朴，通俗易懂，案例鲜活，有代表性。此外，这两本书都是全彩印刷，远看赏心悦目，近看全是实操真经。有了它们，我对带领我的企业上市信心满满！

09 《玩转全面预算魔方（实例+图解版）》一书是我读过的最棒的全面预算实战宝典。在企业做财务总监多年，看了很多预算方面的书籍，要么偏理论，要么就是一个个小的幽默故事，没有实操指导意义。谈谈读这本《玩转全面预算魔方（实例+图解版）》的体会，我印象最深的就是第4~6章，作者用她独创的"珍珠链"预算管理体系，把全面预算从战略到目标制定到组织架构、经营分析、内控、文化和绩效串在了一起，上接战略、中接业务、下接绩效，只有这样，全面预算才能落地，并彰显它的独特价值。书中的观点总结得太妙了。最后一章还提到了全面预算管理实操的五大环节，每个环节的注意点、实操步骤和应用的工具模型，都是结合案例来谈的，以图说预算，妙哉！

10 因为超喜欢作者邹志英老师的实战课，我们公司先后已购买了400本邹老师的著作《玩转全面预算魔方（实例+图解版）》。每年做预算都按照书中讲的"珍珠链"预算管理体系的方法论进行落地，预算和管理效益得到了很大改善。书中的模型和工具很多，可操作性强。邹老师是我们学习的榜样！

11 为《玩转全面预算魔方（实例+图解版）》书点一万个赞！此书给出了全面预算五大环节的实操步骤、注意事项、风险点、应对方法和模版工具，思维方式很独特，观点很新颖，模型超实用。喜欢书中的经营驾驶舱、杜邦模型、雷达图，还有作者独创且实用的"珍珠链"预算管理体系。不看此书不知道，原来宝贝全在此书中！

12 《玩转全面预算魔方（实例+图解版）》有特别实在的干货，是指导全面预算实施的宝典，推荐给财务人士和企业管理者！本书作者邹志英曾任职于通用电气、默克等世界500强企业，是一位拥有丰富实战经验的CFO。本书根据作者20余年的工作经验精心总结而成，介绍了全面预算管理要解决和要理顺的重要问题，包括：预算到底是什么，全面预算要做哪些工作，全球先进的预算管理是什么样的，预算管理如何执行和考核等。全书以作者亲自操作过的实例为主进行讲解，将全面预算相关的各类重要问题和事项图表化，并提供了各类执行全面预算的模型、工具和模板。

13 这是我目前读过的写预算管理最好的书！《玩转全面预算魔方（实例+图解版）》是一本理论与作者亲身经历融合的书，没有长篇大论，只关注实际问题的解决。好书推荐！

14 《玩转全面预算魔方（实例+图解版）》——一部传说已久的书，可以作为财务人员的参考书。

15 这是关于全面预算的实操书籍，财务人员应该人手一本；想带领企业发展的高管们也应该人手一本！

16 今晚7点钟收到书，一口气看完已是凌晨1点48分。大有收获，实战性强，具有可操作性，你值得拥有！

17 《玩转全面预算魔方（实例+图解版）》——教科书一样的好书，内容很全面而且务实。

18 公司推行全面预算管理，我买了《玩转全面预算魔方（实例+图解版）》一书发给下属学习，还打算再推荐给董事长和总裁共同学习。做财务总监多年，一直很委屈，看了书中的案例和呈现出的与众不同的智慧，我又看到了希望。这是一本难得的全面预算实操宝典，干货满满，既适合企业董事长、总裁、高管看，又适合全面预算操盘手看。

19 这是非常实操的一本书，作者的流程思维真是强悍，国内企业管理者应广泛学习此书。

20 《玩转全面预算魔方（实例+图解版）》一书给出了全面预算管理落地实施的具体步骤和方法，通俗易懂，强烈推荐企业高管以及财务人员研读。

致　谢

今天，在家人、朋友和粉丝的支持和帮助下，《玩转全面预算魔方（实例+图解版）（第2版）》稿件终于画上了最后一个句号。此次此刻，我最想表达的是感谢。

码字的艰辛和痛苦是常人难以想象的。为了心无旁骛地写出一部好的作品，不仅要过着日夜兼程、黑白颠倒的混乱生活，还要"舍"掉很多的"机会"，甚至强忍着病痛的折磨。所以，我要特别感谢一路支撑我做这件"苦差事"的家人，尤其是我的父母和姐姐，没有他们的巨大包容和付出，就没有今天的我。虽然这本书出版时，我的母亲再也看不到了，但是我坚信她会为我加油。家人是支撑我一路前行的巨大动力。

其次，我想特别感谢机械工业出版社副社长陈海娟女士，她的独特眼光和胸襟气度，以及对我才华的欣赏和认可，为我在写作的黑暗中点亮了一盏灯。每次跟她的交流，都会让我迸发出灵感和思想的火花。

我也十分感谢本书的策划编辑刘怡丹，她不仅给予我巨大的精神支持、建设性意见和各种鼓励，还为本书的再版付出了很多心血。在她身上，我看到了令人尊敬的工匠精神和撸起袖子加油干的劲头。

我还要感谢北京航空航天大学经济管理学院原副院长、北京市高等学校教学名师周宁教授，在本书首次出版时给予我很多奇思妙想，在本书再版过程中又不断给予我各种鼓励,且将本书连续 7 年纳入北京航空航天大学经管学院研究生财务管理教材。

感谢全国会计领军人才、中国政法大学教授夏宁博士多年来对本书不竭余力的推荐,并将本书作为教材,向更多的学员传播。

感谢中国经营报的主笔屈丽丽女士,每次跟她的"以文会友",都会启发我的深度思考,引发我的灵感,使我进步。

感谢所有的读者,他们对此书的阅读、喜爱、公开点评和学习心得分享,是我持续写作的最大驱动力。

感谢参加过我的培训的学员们,他们的热情参与和积极反馈,让我不断涌现灵感,充实再版书稿的内容。

感谢我服务过的企业家和管理者,是他们的欣赏和信任,让我有机会与之一起共同拥抱管理会计实践的喜怒哀乐;他们的经历和梦想,驱使我坚定信念完成此书的再版,帮助更多的企业以全面预算管理为抓手进行企业的转型升级,实现"实业强国"的中国梦。

邹志英
2022 年 2 月 8 日

行动日志
7 天体验版

本手册配合《玩转全面预算魔方（实例+图解版）（第 2 版）》使用

邹志英　著

机械工业出版社

导 言
学以致用：一份行动式学习建议

全面预算管理在中国企业的实施效果普遍不理想，体现在预算实践的四个"梗"上：认识不到位；参与不到位；方法不到位；执行不到位。

企业只有走出全面预算的认知误区，找到一套可落地的实操方法论，才能避免跌入全面预算的"十面埋伏"中，让全面预算不再成为一本难念的经。

本手册中所列的知识点和训练方法，均来自作者长年为不同企业做实战培训的积累的训练方法。这种训练方法被无数企业和个人证明是行之有效的。它不仅可以帮助读者温故知新，还可以通过连续7天的知识点提示、引导训练以及深度思考，快速提升读者对全面预算的认知水平和实操能力。

请铭记在心：知行合一是一种好习惯，更是一种美德！现在，请参照以下建议开始行动。

1. 一定要按照本手册的引导进行训练；
2. 建议你看书时，边划重点边做笔记；
3. 本手册要与《玩转全面预算魔方（实例+图解版）（第2版）》一书结合使用；
4. 要想真正掌握知识，复习、训练与思考是非常必要的。

让我们就从今天开始吧。

目 录

导言

第 1 天
全面预算是本难念的经
知识点提示 / 001
引导训练 / 002
深度思考 / 002

第 2 天
近距离认识全面预算管理
知识点提示 / 004
引导训练 / 005
深度思考 / 007

第 3 天
37 个案例告诉你转动预算"魔方"的法则
知识点提示 / 008
引导训练 / 009
深度思考 / 013

第 4 天
全面预算管理实操步骤：
T 集团 3 年收入增长了 36 倍
知识点提示 / 015
引导训练 / 016
深度思考 / 018

第 5 天
外企先进预算管理实践:"三步走"策略落地预算,让企业业绩倍增

知识点提示 / 019
引导训练 / 020
深度思考 / 022

第 6 天
实战演练:用预算购车大不同

知识点提示 / 023
引导训练 / 023

第 7 天
全面预算实用模型及应用案例

知识点提示 / 026
引导训练 / 027

# 第 1 天
全面预算是本难念的经

知识点提示

(1) 全面预算在中国企业的实施效果不好。

(2) 全面预算不能一步到位。

(3) 全面预算与企业战略的关系。

(4) 全面预算与企业绩效管理的关系。

(5) 预算调整与否。

(6) 预算编制是谁的工作。

请把上述知识点所在的页码写下来,把每个知识点对应的要点写下来。

 行动日志

引导训练

（1）书中提到的全面预算"十面埋伏"是指哪些"埋伏"？你所在的企业里有几重埋伏？把你想到的写下来，越多越好。

_____
_____
_____
_____

（2）书中提到的全面预算实践的四个"梗"是指什么？你所在的企业里有几个"梗"？把你想到的写下来，越多越好。

_____
_____
_____
_____

深度思考

当你的企业遇到以下问题时，你打算怎么做，或者会提出哪些管理建议，以改善企业面临的状况？

（1）企业高管坚持全面预算实施要一步到位。

（2）企业重视预算编制，轻视预算管理与控制。

（3）企业不重视预算的基础工作。

（4）全面预算与战略规划没有关联。

（5）全面预算与绩效管理各行其道。

（6）企业推行全面预算的过程中，财务部门孤立无援。

写下你的思考与建议：

_____

_____

_____

_____

_____

第 2 天
近距离认识全面预算管理

知识点提示

(1) 全面预算的含义。

(2) 全面预算的五大观念。

(3) 全面预算的五大作用。

(4) 全面预算的主要内容。

(5) 全面预算的组织设置及职责。

(6) 战略规划的概念。

(7) 年度运作计划的概念。

(8) 预算编制原则。

(9) 预算的编制依据。

(10) 预算编制的主要方法。

(11) 预算编制的方式。

(12) 预算执行分析的概念和目的。

(13) 预算差异分析的要点。

(14) 预算考核评价的概念、目的和作用。

(15) 预算评价的三项内容和五大关键点。

请把上述知识点所在的页码写下来，把每个知识点对应的要点写下来。

_____

_____

_____

_____

引导训练

（1）书中提到的让全面预算落到实处的五大关键点是什么？你所在的企业做到了几点？把你想到的写下来，越多越好。

_____

_____

_____

_____

_____

（2）书中提到的全面预算的五大实施环节是什么？你所在的企业是怎么做的？把你想到的写下来，越多越好。

_____

_____

_____

_____

行动日志

（3）书中提到的 M 公司战略规划都有哪些内容？你所在的企业的战略规划都有哪些内容？把你想到的写下来，越多越好。

___

（4）书中提到的公司战略规划、年度运作计划和部门年度计划的编制要点是什么？你所在的企业和部门都有哪些规划/计划编制要点？把你想到的写下来，越多越好。

___

（5）书中提到的预算对业务流和资金流的监控要点是什么？你所在的企业预算对业务流和资金流的监控要点是什么？把你想到的写下来，越多越好。

___

（6）书中提到的预算考核评价机构的职责是什么？你所在的企业的预算考核评价机构的职责是什么？把你想到的写下来，越多越好。

_____
_____
_____
_____

深度思考

当你的企业遇到以下问题时，你打算怎么做，或者会提出哪些管理建议，以改善企业面临的状况？

（1）企业战略规划与全面预算关联不大。

（2）企业缺乏预算编制的依据和标准，导致企业"一把手"和财务部门无法审核预算。

（3）企业预算编制流程无序。

（4）预算不调整或者预算乱调整。

（5）全面预算没有匹配企业的生命周期。

写下你的思考与建议：

_____
_____
_____
_____
_____

第 3 天
37 个案例告诉你转动预算"魔方"的法则

知识点提示

(1) 什么是三全。

(2) 什么是"四位一体"。

(3) 什么是"IPO"逻辑思维。

(4) 全面预算管理各环节实施路径导图。

(5) 战略规划环节的主要交付成果和关注点。

(6) 财务部门在战略规划环节的价值主张。

(7) 年度运作计划环节的主要交付成果和关注点。

(8) 部门在年度运作计划环节的价值主张。

(9) 预算编制与审批下达环节的主要交付成果和关注点。

(10) 业务部门在预算编制与审批下达环节的价值主张。

(11) 预算执行分析环节的主要交付成果和关注点。

(12) 财务部门在预算执行分析环节的价值主张。

(13) 考核评价环节的主要交付成果和关注点。

(14) 部门在考核评价环节的价值主张。

第 3 天　37 个案例告诉你转动预算"魔方"的法则

请把上述知识点所在的页码写下来，把每个知识点对应的要点写下来。

_____
_____
_____
_____
_____

引导训练

（1）书中提到的企业在战略规划环节中开展的 6 项关键行动是什么？你所在的企业是如何开展战略规划的？把你想到的写下来，越多越好。

_____
_____
_____
_____
_____
_____

（2）书中提到的战略规划常见问题是什么？你所在的企业在战略规划环节中都有哪些问题？把你想到的写下来，越多越好。

_____
_____
_____
_____
_____

 行动日志

（3）书中提到的企业在年度运作计划环节中开展的5项关键行动是什么？你所在的企业是如何开展年度运作计划的？把你想到的写下来，越多越好。

（4）书中提到的年度运作计划常见问题是什么？你所在的企业在年度运作计划环节中都有哪些问题？把你想到的写下来，越多越好。

（5）书中提到的M公司采购部门战略规划的实操做法是什么？你所在的企业部门规划的做法是什么？把你想到的写下来，越多越好。

（6）书中提到的企业在预算审批与下达环节中开展的 10 项关键行动是什么？你所在的企业是如何开展预算审批与下达的？把你想到的写下来，越多越好。

_____
_____
_____
_____
_____

（7）书中提到的预算审批与下达环节常见问题是什么？你所在的企业在预算审批与下达环节中都有哪些问题？把你想到的写下来，越多越好。

_____
_____
_____
_____
_____

（8）书中提到的 T 集团职能部门人员配置的实操做法是什么？你所在的企业职能部门人员配置是如何操作的？把你想到的写下来，越多越好。

_____
_____
_____
_____
_____

（9）书中提到的企业在预算执行分析环节中开展的5项关键行动是什么？你所在的企业是如何开展预算执行分析的？把你想到的写下来，越多越好。

（10）书中提到的预算执行分析环节常见问题是什么？你所在的企业在预算执行分析环节都有哪些问题？把你想到的写下来，越多越好。

（11）书中提到的企业在考核评价环节中开展的3项关键行动是什么？你所在的企业是如何开展考核评价的？把你想到的写下来，越多越好。

（12）书中提到的考核评价环节常见问题是什么？你所在的企业在考核评价环节中都有哪些问题？把你想到的写下来，越多越好。

_____
_____
_____
_____

深度思考

当你的企业遇到以下问题时，你打算怎么做，或者会提出哪些管理建议，以改善企业面临的状况？

（1）企业应该先做大再做强。

（2）公司内部没有建立通畅的沟通渠道，员工不了解公司战略目标。

（3）公司没有清晰界定各部门在实现战略方面应扮演的角色。

（4）公司年度预算由财务部门牵头，其他部门中层以上的管理者只是负责填一下预算表格，上交一下数字。

（5）公司预算编制流程缺乏条理性和系统性。

（6）业务部门对预算编制表格的理解存在偏差。

（7）公司没有真正追溯预算的合理性和必要性，对超预算和上报预算不执行等情况没有采取奖惩措施。

（8）公司财务部门无法对全公司成本费用进行管理和控制。

 行动日志

写下你的思考与建议：

第4天
全面预算管理实操步骤：T集团3年收入增长了36倍

知识点提示

（1）"珍珠链"预算管理体系的核心思想。

（2）"珍珠链"预算管理体系十步走。

（3）T集团全面预算的实践特点。

（4）T集团的平衡计分卡。

（5）T集团的经营驾驶舱。

（6）T集团的风险管理宇宙图。

（7）有效会议的核心要点。

（8）T集团的绩效评估矩阵图。

请把上述知识点所在的页码写下来，把每个知识点对应的要点写下来。

行动日志

引导训练

(1) 书中提到的企业成功推行全面预算的"六要"是什么？你所在的企业做到了"几要"？把你想到的写下来，越多越好。

_____

_____

_____

_____

(2) 书中提到的 T 集团让全面预算落到实处的实操做法是什么？你所在的企业是如何推行全面预算的？把你想到的写下来，越多越好。

_____

_____

_____

_____

(3) 书中提到的 T 集团在推行全面预算过程中，总裁、业务、人力资源和财务负责人分别提出的价值主张是什么？你所在的企业总裁及各部门负责人都提出了哪些价值主张？把你想到的写下来，越多越好。

（4）书中提到的T集团依据贡献度大小给业务团队分奖金一事是怎么操作的？你所在的企业是根据什么给业务团队分奖金？具体操作方法是什么？把你想到的写下来，越多越好。

（5）书中提到的T集团经营业绩完成差时，管理者采取的补救措施是什么？你所在的企业在面临业绩不佳时，管理者采取了哪些应急措施？把你想到的写下来，越多越好。

行动日志

（6）书中提到的T集团"攻防合一"的四道风险防线是什么？你所在的企业是如何控制风险的？把你想到的写下来，越多越好。

___

___

___

___

深度思考

当你的企业遇到以下问题时，你打算怎么做，或者会提出哪些管理建议，以改善企业面临的状况？

（1）企业的管理现状是头疼医头、脚疼医脚。

（2）企业员工干好或干坏，拿到的钱没有多少区别。

（3）企业全面预算落到实处就坐蜡。

写下你的思考与建议：

___

___

___

___

第 5 天
外企先进预算管理实践：
"三步走"策略落地预算，
让企业业绩倍增

知识点提示

（1）M 集团推行全面预算遇到的尴尬事。

（2）M 集团全面预算的实践特点。

（3）M 集团预算管理"三步走"策略。

（4）M 集团的标杆管理。

（5）M 集团的财务管理成熟度模型。

请把上述知识点所在的页码写下来，把每个知识点对应的要点写下来。

行动日志

引导训练

（1）书中提到的 M 公司建立以战略为导向的上下结合的预算管理模式是怎么做到的？你所在的企业是否做了同样的事情？把你想到的写下来，越多越好。

_____
_____
_____
_____

（2）书中提到的 M 公司设计资源分配流程，让全面预算落到实处的具体做法是什么？你所在的企业是否设计了资源分配流程？具体操作方法是什么？把你想到的写下来，越多越好。

_____
_____
_____
_____

（3）书中提到的 M 公司为了顺利推行全面预算，引入了"指导人计划"，你所在的企业是否引入了"指导人计划"？具体操作方法是什么？把你想到的写下来，越多越好。

（4）书中提到的 M 公司实行作业成本法控制成本，你所在的企业是否实行了作业成本法？具体操作方法是什么？把你想到的写下来，越多越好。

（5）书中提到的 M 公司设计弹性预算，建立情景模型，你所在的企业是否做了这些？具体操作方法是什么？把你想到的写下来，越多越好。

 行动日志

深度思考

当你的企业遇到以下问题时,你打算怎么做,或者会提出哪些管理建议,以改善企业面临的状况?

企业不知从哪里入手进行业财融合。

写下你的思考与建议:

_____
_____
_____
_____
_____

第 6 天

实战演练：用预算购车大不同

知识点提示

（1）全面预算在购车案例中发挥的作用。

（2）购车的全面预算管理布局图。

请把上述知识点所在的页码写下来，把每个知识点对应的要点写下来。

_____
_____
_____
_____
_____

引导训练

（1）书中提到的用"珍珠链"预算管理体系完成购车决策，对你有哪些启发？你是否打算把全面预算的知识点应用在日常工作与生活中？把你想到

行动日志

的写下来,越多越好。

---

(2)你所在的企业在实施全面预算前,是否对实施环境进行充分评估?你认为这样做的好处是什么?你认为不这样做的坏处是什么?把你想到的写下来,越多越好。

---

(3)你所在的企业在实施全面预算前,是否落实了岗位目标与考核指标?你认为这样做的好处是什么?你认为不这样做的坏处是什么?把你想到的写下来,越多越好。

（4）你所在的企业在实施全面预算前，是否建立了完整的行动计划与跟踪机制？你认为这样做的好处是什么？你认为不这样做的坏处是什么？把你想到的写下来，越多越好。

第 7 天
全面预算实用模型及应用案例

知识点提示

（1）全面预算的九大实用模型。

（2）杜邦分析模型及应用案例。

（3）PEST 模型及应用案例。

（4）波特五力分析模型及应用案例。

（5）SWOT 分析模型及应用案例。

（6）平衡计分卡模型及应用案例。

请把上述知识点所在的页码写下来，把每个知识点对应的要点写下来。

引导训练

（1）书中提到的用杜邦分析模型找出 S 公司股东回报提升途径，对你有哪些启发？把你想到的写下来，越多越好。

_____
_____
_____
_____

（2）书中提到的用波特五力分析模型分析 AC 公司的竞争态势，对你有哪些启发？把你想到的写下来，越多越好。

_____
_____
_____
_____

（3）书中提到的用 SWOT 分析模型分析 AC 公司的优劣势，对你有哪些启发？把你想到的写下来，越多越好。

_____
_____
_____

 行动日志

（4）书中提到的构建关键指标为平衡计分卡模型注入灵魂，对你应用平衡计分卡模型有哪些启发？把你想到的写下来，越多越好。

_____
_____
_____
_____
_____